なぜ人はカルトに惹かれるのか

――脱会支援の現場から

瓜生　崇

法藏館

なぜ人はカルトに惹かれるのか——脱会支援の現場から

はじめに

「みんなが心配しているようなところではないです。私はここでやっと真実に会えたんです。だから止めないでください。本当に大丈夫ですから。みんな知らないだけです。」

とある大学のカウンセリングルームで、その女子学生は私に自信に満ちた表情で語った。まあそうだよなと思った。この段階で直接面談したってこんな感じになるのはわかりきっている。

この学生はもともとボランティアサークルに入っていた。自分の人生の意義に悩んで、人を救い人の役に立つような人生を送りたいと思ったからだ。そして様々な活動をするうちに、人が人を本当に救えるのかどうかがわからなくなった。そりゃそうだ。私だってわからない。どうしたら本当に人を救えるのか、助けられるのか、何の確信もないままに右往左往して生きている。親として三人の子供だって扱いかねている。

ほとんどの人はこうした疑問を持つことはあっても、真っ暗闇の中を手探りで歩くしかないと腹をくくって生きるのだろう。しかし彼女は違った。そのボランティアサークルの友人に声をかけられてヨーガのサークルに入り、その中で「尊師」の教えに出遇ってしまう。

もう彼女にとって人生は、暗闇の中を手探りで歩むようなものではなかった。「真実」を知ったのだから。だから彼女は満面の笑顔で言うのだ。真実を知った私は幸せです、と。

入ってまだ一年も経ってないから、定期的に面談することで脱会の糸口をつかめるかもしれない。私は二時間ほど話した後で次の約束をとった。学生支援の職員が心配そうな顔をして、面談の終わった私のところに様子を聞きに来た。大丈夫です。月に一度の面談を維持しましょう。コミュニケーションがとれている限りはなんとかなりますから、と言って帰った。

次の約束に彼女は来なかった。私との面談はその一回だけで終わった。彼女は教団に出家してしまったのだ。その教団の名前はアレフ。オウム真理教の後継団体だ。

何十回もこんなことを繰り返してきた。そのたびに、ああすればよかった、こうすればよかったと後悔ばかり思い起こされる。うまくいくことなんて本当に少ない。十年近く関わってきて何の進展もないケースもあるし、脱会できたとしてもその後のケアがうまくいかず、その後もいろんな宗教に出たり入ったりしている人もいる。失望して私の元を去ってしまった人もたくさんいる。もちろん、脱会してその後しっかりと社会復帰を果たして、毎年笑顔の年賀状をくれる人もいるが、決して多くはない。

しかし、脱会して社会復帰して結婚して笑顔で……なんてのは、結局「こちら側の価値観」の話だ。彼らはそんな人生に何の価値があるのかがどうしてもわからなくて、一度は「あちら側の世界」に行った。

あのときあなたが、そして私が、必死で宗教に求めた答えはどうなったのか。

私も宗教に答えを求めた一人だった。この人生のどこに自分の存在意義を求めたらいいのかがわからず、虚しくて仕方がなかった。新宿駅の雑踏の中で、洪水のように流れる人波の中のちっぽけな自分が、どうしてここに存在しているのか全くわからなくなった。私はその答えを求めて当時勧誘された宗教に入っていった。富山に本部のある浄土真宗親鸞会という教団がそれだった。その後地下鉄サリン事件が起き、彼らの入信の動機がメディアなどで語られるのを聞くと、自分と驚くほど一緒だと思った。

その後は大学もやめて出家のような形で親鸞会に飛び込んでいった。十二年間活動した後に疑問を感じて脱会して、その後は様々な宗教の脱会相談に応じてきた。私自身は脱会しても宗教をやめられなかった。宗教なくしては生きられなかった。今は滋賀県の小さな浄土真宗の寺の住職である。

二〇一八年の七月、オウム真理教の教祖麻原と元信者十二名の死刑が執行されたとき、様々なメディアが、アレフ信者の脱会支援をしている私のところに取材に来た。彼らは同じことを聞いた。どうしてあんな犯罪を犯した教団の後継団体に若者が今も入信しているんですか、どんな騙しのテクニックがあるのか、どんなマインド・コントロールがなされているのか、と。

どうしてか。これでいいんだろうか、これでいいんだろうかと自問自答しながら生きる人生に、耐えきれなくなったんだろうと私は思う。もちろんその過程で、インチキ教団であることを隠して騙したり、マインド・コントロールで教義や教祖への信仰を浸透させたりしたことはある。でもそれ以前に、人生に誰よりも誠実で真面目で、迷って生きることができなかったがゆえに、彼らは教団の提供する「真理」や「正しさ」に依存した。

本書は、いわゆる「カルト」と言われる教団に入っていく人に、どう私たちが向き合っていくべきかを課題にしている。最初に私自身が、浄土真宗親鸞会という新宗教での経験とそこで感じたことを書き、そしてそこからカルトとはそもそも何か、どうして人はカルトに入るのかを考察し、最後に脱会支援に関わる中で考えてきたことを書く。本書はオウムなどの主に仏教系のカルトの問題に関心のある人や、家族がカルトに入った人、また脱会支援に関わる人向けに書いているが、現役の信者、また脱会した元信者に対しても十分に伝わる内容になっていると思う。

いわゆる一般的なカルトの脱会支援の課題と言えば、悪質な教団にマインド・コントロールされて入った人に、いかにして正しい情報を与えて、教団の虚偽性に目覚めさせるかだ。そういう面は当然あるし重要なポイントでもある。しかし本書での主なテーマは、彼らをしてカルトに入らせることになった人生の疑問や迷いを、私たちがどれだけ共有し向き合うことができるかということだ。そのためにまずは自分が経験した入信と脱会、そして回復の経験から話をしたい。

第一章　私の入信と脱会体験

1 一九九三年、東京――プロローグ

その日私は、立川から中央線と総武線を乗り継いで飯田橋につき、そこから東京理科大学に向かって歩いていた。二月の東京は天気はよかったが、冷たく乾いたビル風が容赦なく吹きつけた。ＪＲ飯田橋駅の近くにある理科大のキャンパスは、私が思い描いていた「大学」の姿とずいぶん違っていた。オフィス街の中に大学の看板をつけたビルが建っているだけなのだ。漠然と大学というのは正門の先に芝生に覆われた広場があり、さらにその先には時計台のついた講堂があるものだと思っていたが、理科大のキャンパスにはそうしたものは何一つなかった。

そのときの私は高校三年生、センター試験を終えたところで、私大の試験をひかえて受験校の下見をしていた。その日はちょうど薬学部の合格発表が行われていたらしく、大学ビル内の合格者掲示板の前にはちょっとした人だかりができていた。その様子を横目で見ながら下見を終えて帰ろうと駅に向かったときに、二人の学生が近づいてきて私に声をかけた。

「こんにちは。受験生ですか？　合格発表を見に来たの？」

「今、サークルの紹介しているんだけど、五分くらい時間いいかな？」

突然のことに驚いて立ち止まったら、二人は巧みに話しかけてくる。受験生だけど合格発表を見に来たのではないし、つまり理科大に入れるかどうかは全くわからないと言っても、それでいいと言う。気がつくと私は神楽坂の喫茶店まで連れ込まれてしまっていた。入り口では女子大生による「合格おめでとう！」という大歓迎の声（合格はしていない）。

私は奥に案内され、隣にはメガネをかけた学生がおもむろに座った。「理学部のYです。よろしく！」。理科大の理学部の先輩だなと思ったが、後でわかったがこの学生は立教大学の理学部の学生だった。Yさんはワラ半紙を取り出してそこに「人生の目的」と書いた。

「ねぇ、受験勉強するのは何のためかな？」

「え、大学に受かるためじゃないんですか」

「じゃあ、どうして大学に行くの？」

「勉強するためだと思いますが」

「何のために勉強するのかな？」

「将来の仕事に役立てるため、でしょうか」

「仕事をするのは何のため？」

「理由はいろいろだけど、一番はお金を稼ぐためだと思います」

「何のためにお金を稼ぐの？」

「生きてゆくため」

「キミは、何のために生きるの？」

「……」


固まってしまった。それは、自分の一番奥深いところにもやもやと横たわっていて、けれども生きていく上で考えても仕方がないからと必死に封印していた疑問を、いきなり細長い針で突かれたような気がしたからだ。

人生の目的。人は、何のために生きているのか。

実はこの疑問が目の前に突きつけられたのは二度目だった。一度目は広島学院という中高一貫のミッション系の学校に通っていたときだ。敷地の外れにあった会堂で週に一度「宗教研究会」という集まりがあり、実際のところそれは宗教を研究しているのではなくキリスト教の聖書の話をする会だったのだけど、私は欠かさずその集まりに通っていた。

小学生のときからうまく周囲に合わせて生きていくのが苦手で、中学受験をしてレベルの高い学校に行けば何か変わるのではないかと思って、小学生にしてはかなり厳しい受験勉強をクリアして入った学校だった。その学校の創始者はフランシスコ・ザビエルということになっており、私は学校にいる神父さんの姿を見て、なんとなくキリスト教を学ぶことで「生きていけるのではないか」という感触を持ったのだった。

あるときその集まりで「人は何のために生きているのか」という話題でディスカッションしたことがあった。いろいろな意見が出たけど、多くの人が言うのは「他人のために生きる」というものだった。そんな青臭い議論が飛び交う中で私は思っていた。誰しも他人のために生きられるわけがないじゃないかと。

だいたい、私が他人のために生きることができたとしても、その「他人」は何のために生きるんだ。私はこんな結論で納得しないぞという思いが強くあった。もっと根源的なものが知りたかった。最後は死んでしまうのに、なぜ今を一生懸命に生きなければならないのか。数十億の人間の中のちっぽけな自分の人生にどんな意味があるのか。

でもそれはどうしてもわからなかった。歴史に名を残すような仕事ができたら「生きた意味があった」と言えるのかなとも思って、どうしたらそんな人間になれるのかと思ったりもしたが、よく考えてみればやっぱり違う。歴史に名を残すような人生を送れるのは全人類のほんの一部である。ほんの一部の人生に意味があって、それ以外に意味がないなんてことはなかろう。じゃあ、家族？　子供を育てて自分の遺伝子を残せば生きる意味があるのか。いやまて、第一その子供だっていつかは死んじゃうじゃないか。

私は人生は苦しいものだと思っていた。苦しい人生を生き抜く以上、それに見合うだけの意味が何かしらあるんだと思っていた。しかしそれはどれだけ考えても見つからなかった。そのことを自分は真剣に考えていたが、周囲の人は全く気にしていないように見えた。

一度、広島学院の尊敬するキリスト者の先生に、手紙でその疑問を尋ねたことがある。その先生はずいぶんと長い丁寧なお返事をくださったが、内容は全く覚えていない。覚えていないということは、自分の心に残るような内容ではなかったのだと思う（この原稿を書くにあたって、その先生に再びお会いしたいと思って居所を調べたら、すでに亡くなっておられた）。

いずれにしても私は、この時期に本当に自分の生きる意味が知りたいと思って、もがいた。しかし考えても調べても少しもわかる気がしなかったし、宗教のように正解かどうかを論理的に証明できないことを無理やり信じるか、あるいはその時々で生きがいを見つけて没頭するしかないのではないかと思った。

宗教についてはキリスト教にその答えがありそうな気がして、いろんな本を読んだり質問したりしたが、どうしても教えや神を「信じる」ということに前提を置いているように思えた。そうなると「その教えが真理であるという証」があってこそ信じたいのに、それは信じた後にしか明かされないというジレンマを感じるのだ。先生はキリスト教が真実である証を、ずいぶん熱心に話してくれるのだが、私にとっては「あなたがそう信じているだけでしょう」という枠を超えることができなかった。先生は幾度もそうじゃないと言うのだが、当時中学生の私には最後まで何が違うのかわからなかったのだ。しかし答えを押しつけるようなところは少しもなく、先生は真正面から私の問いに答えようとしてくれていた。

その後、私は父親の転勤に従い、広島学院の高等部に行かずに愛知県の県立高校に進学することになった。エリートが揃っていた広島学院と違って、その高校は地域の中堅進学校で、周囲の人は明るくのびのびとしていて、私は普通に友人を作りクラブ活動もし青春を謳歌した。自分の人生で例外的に楽しい生き生きとした生活を送る中で、「私は何のために生きているのか」という問いはあまり考えなくなっていた。期せずして「生きがいを見つけて没頭する」という解決になってしまったわけだ。

とにかく、友だちとスキーに行ったりクラシックのコンサートに行ったり、文化祭の準備に没頭したり、何人かの女の子から告白されたりもしてしまった（高校を出てから現在までそんなことは二度とない）。傍から見たらごく普通の高校生活なんだろうが、私にとってはどうして自分の人生にあんなキラキラした時期があったのか、いまだに信じられないくらい恵まれた三年間だった。バブル末期の日本はまだ自信と希望に満ち溢れていて、私はこのまま大学に行って好きな職業について、結婚して家庭を築いたら、それなりに意味のある充実した人生を送れるのではないかという、根拠のない楽観に浸っていた。人生悪くないじゃん。つまりは楽しく生きられれば生きる意味に思い悩む必要はないのだと。

2 人生の目的——教団との邂逅

一九九三年の東京に話を戻す。私は理科大の合格者と勘違いされたのをいいことに、からかい半分で話を聞いていた。全く見失っていた「人生の目的」という問いをいきなり突きつけられて、なんと言えばいいんだろう、懐かしい友だちに久しぶりに遭遇して、気恥ずかしい思い出話をされたような、不思議な感覚を得た。そして私は、一時期自分が悩んだこの青臭い問いを乗り越えたつもりでいたが、実は少しも乗り越えてなんかいなくて、高校生活の充実した毎日の中で棚上げしていただけということに気づいた。そして私はずっと、人が生きる意味なんて気にしているのは自分だけだと思っていたが、考えている人が他にもいたことに驚いた。

ただそう簡単に答えが出る問題ではないのはわかっていたし、考えてどうなるんだという思いもあった。「人生の目的を考えたとして、その答えは出るんですか？」と聞いたら、隣に座ったYさんはごにょごにょと言葉を濁しながら、腕時計を腕から外して机の上に置いた。どうもそれがヘルプを呼ぶ合図だったらしく、即座に老けた大学生が奥からやってきて反対側の隣に座った（後で知ったが彼は東京大学の大学院生で専攻は印度哲学だった。後日私よりずっと先にこの団体をやめて、今はとある大学で仏教学を教えている）。答えは出るんですかという私の問いに彼は「出る」と断言した。そうか出るのか。え、それホント？

「だったら今ここで教えてもらえませんか？」

当然そう聞く。なんかの宗教じゃないだろうな。なんちゃらの神の教えを信じるのが人生の目的だとか言ったら承知しねぇぞ。

「いま君にここでそれを話したとしても理解できない。古今の哲学者や宗教家が生涯かかって求めてきた問いを、一言や二言で説明できるはずないだろう。うちのサークルで一か月話を聞いてほしい。必ずわかるから。一か月話を聞いてわからなければやめてもらってもかまわない」

古今の哲学者や宗教家が生涯かかって求めてきた問いなら、わずか一か月でわかるわけもないだろうとも思ったし、そもそも答えがはっきりしているのなら、すでにこの世から哲学も宗教も消え去っているはずだ。そして私は直感として、このサークルは深入りするべきではない、という思いも持った。だいいち、学校も始まってないのにサークル勧誘はないだろう。

そのうち「説得役」の人が入ってきて私に入部を勧めてきた。週に二回くらい近くの部室に集まって、「部会」に参加するだけだよとその人は言った。なんというサークル名なのかと聞いたら「理科大恒河沙」と答えた。「恒河沙」というのは仏典に出てくる言葉で、ガンジス川の砂の数を表す。でっかいテーマを扱っているからこの名前なのだと彼は語った。早稲田大学など都内の大学と交流があり、いろいろな大学に友人ができるのもメリットだとも。

思い切って「これ、宗教ですか?」と聞いてみた。この質問に説得役の先輩は自信満々で答えるのであった。「宗教じゃないよ!」。なるほど。私は差し出された「入部用紙」にウソの連絡先を書いてさっさとその場を立ち去った。「五分くらい」と言われたのに、声をかけられてから一時間以上経っていた。

神楽坂を下り、飯田橋駅の雑踏の中に身を委ねた。街はすっかり夕方になっていて、総武線の車内はぎっしりと人で埋まっていた。ウォークマンをつけて座っているＯＬ、疲れて手すりに寄っかかるサラリーマン。スポーツ紙や漫画を読む人もいれば、じっと目をつぶって混雑に耐えている人もいる。

みんな、何のために生きているんだろう。

これだけたくさんの人が毎日通勤電車に乗って会社に行って仕事をして、人によっては家庭を持って子供を育てて、喜んだり悲しんだり愛したり裏切られたり。一人ひとりに小説が書けるくらいのドラマを作って。そして最後はみんな死ぬんだ。

頑張って生きるのは何のためですか？

なんてことだ。忘れていたけど、全く解決してなかったのだ、この問題は。

新宿駅で押し出されるようにホームに降りた。今日のことは忘れよう。この後私大の入試がひかえているし、それが終わったら国公立の二次試験だ。生きる目的は大学に入ってから自分で考えよう。自分で考えて結論が出るとも思わないが。

3　受験失敗——孤独と喪失

受験が終わり、合格した大学は一つだけ。国公立後期日程の電気通信大学だった。歴史も実績もある大学で決して悪くないところなのだが、これ以外の大学に一つも受からなかったことに深く落ち込んだ。アパートを探したが、後期日程終了後の東京で、家賃の安いところはもう残っていなかった。私はどこからか育英会の学生寮があると聞いて、そこに入ることにした。その寮は小石川にあって、戦後間もなくできた三階建ての建物はかなり傷んでいて、最上階の部屋のいくつかは雨漏りしていた。

寮には複数の大学の学生が入っていた。最初にやったのは「あいさつ回り」といって、学年が上の寮生の部屋を全部回ることだった。いきなり日本酒を一気飲みさせられたり、灰皿を投げつけられたりと一通りの洗礼を受けた。その後、新歓コンパと称して食堂で飲み会が行われた。コップを持ってすべての先輩を回って酒を注いでもらい、倒れるまで飲み続けなければならないというナンセンスなイベントだ。飲みすぎて倒れたときは、吐いても窒息しないように横向きになれとか、酔いつぶれた人を定期的に見まわるから、部屋に鍵をかけないようにとか、無意味な飲み会に呆れるほど実践的なアドバイスを聞かされた。私は当然のように倒れて吐き続けた。

大学では入学式があり、真新しいスーツを着てキャンパスのある調布に行った。教室は落書きとホコリだらけだった。担当の教官はめんどくさそうに「最近の学生はレベルが落ちた」という話をして、オリエンテーションの資料を配って出て行った。周りの人と話をしても少しも楽しくなかった。キャンパスの中の桜だけが美しく輝いていた。

受験に失敗し、それでも大学には何かがあると思って来たのに、自分の心を揺り動かすようなものは見つからなかった。そして授業が始まるとさらに深く苦しい挫折を味わった。私は滑り止めで不本意な大学に入ったという経緯から、クラスメイトを見下していたところがあった。しかし彼らはそんな私よりもずっと真面目で優秀で、つまらない授業を懸命に聞いてノートを取り、お互いにわからないところを教え合いながら地道に学んでいた。私の居場所はどこにもなかった。

ずっと思い続けて棚上げしていた問題が、私の中で次第に大きくなっていた。これから何度かこんなふうに深い挫折感を味わって、そのたびにできる限りの努力して立ち直り、頑張ればどんな壁も乗り越えられるとか、人生に行き止まりはないとか、そうやって自分に言い聞かせながら、死ぬまで生き続けなければならない理由はなんなのか。

入学直後の健康診断で、思わず問診票に「なんで生きなければならないのかがわからないで悩んでいます」とつい書いてしまった。しばらくすると掲示板に私の学籍番号があり、保健管理センターに来なさいと書いてあった。行ってみると白髪の優しそうな先生がいろいろ私に聞いてくるので、一生懸命に自分の問いと悩みを話すがうまく伝わらない。先生は生きる元気が出ないのは朝ごはんを食べてないのが原因ではないかと言って、毎朝バナナを食べるといいよと私に勧めてくれた。そう、バナナである。

朝にバナナを食べるのはきっといいことなのだろう。しかしそれで自分の積年の疑問が解消するとは思えなかった。自分は決定的に無意味なことで悩んでいるのではないか、という

思い は深まるばかりだが、だからといってその悩みを棚上げして生きていけるわけでもない。

あの怪しげな勧誘をしていた「理科大恒河沙」のことが思い出されてきた。あのときに私に話をした東大の印度哲学の学生は、答えは出ると言っていたのだ。嘘でもいいからその答えを聞きたい気持ちだった。そして勧誘のときに行事の日程表をもらったような気がして探してみたら、なんとあっさり見つかってしまった。

次の土曜日の午後、飯田橋駅前の待ち合わせ場所に行った。「瓜生です」と言うと怪訝そうな顔をしている。そういえば私は入部用紙にウソの連絡先を書いていたのだ。人数が揃うと理科大の教室に連れて行かれた。本当に理科大のちゃんとしたサークルだったんだと少し安心したが、その時間にたまたま空いている教室を無断で借用していただけで、待ち合わせ場所を教室ではなく駅にしていたのはそのためだった。

教室は十数人くらいの学生がそれぞれ話をしていた。しばらく経つと司会の案内があり、「早稲田大学の大学院生」と称する講師が入ってきて話を始めた。すでに頭髪が薄くなり始めていたその講師は、どう見ても大学院生には見えなかったが、話が始まると引き込まれてしまい、そんな懸念はどこかに行ってしまった。

4　シーシュポスの神話——人生は無意味なのか

「アルベール・カミュという人を知っていますか？」

カミュと聞けば小説の「異邦人」くらいは思い出すが、それすらも読んだことはなかった。自称院生の講師は名前をIといった。Iさんは黒板に大きな山と人の絵を描き、そこに岩を付け加えた。

シーシュポスはオリュンポスの神々を二度も欺いたため、岩を山の頂まで休みなく持ち上げる刑罰を受けたが、山頂に達すると岩はその重みで麓に転がり落ちてしまう。シーシュポスが何度持ち上げても、岩はそのたびに転がり落ちる。

「シーシュポスは転がり落ちる岩を、そのたびに何度も何度も持ち上げ続けるんだ」

Iさんは強調して言った。そして、その行為に果たして意味があるかと、一番前に座っていた私を当てて聞いた。

「無意味だと思います」

「どうして無意味だと思えるのかな？」

「だって、必ず転がり落ちるものを持ち上げる理由がわかりません。報われないとわかっている苦労に意味がありますか？」

「ないよね。じゃあ、私たちがしているいろんな努力や苦労は、最後には報われるものだろうか」

「報われるものも報われないものもあると思います」

「本当にそうかな。そこはもう少し考えてみよう」

Iさんが次に黒板に書いた言葉は「諸行無常」だった。すべてのものは必ずうつりかわる。私がこれが大事だと思って努力して手に入れ、維持しているものは、例外なくいつかは私の元から離れてゆく。

得た喜びと、失う悲しみは、必ず対になっている。求めてやまないものであればあるほど、得た喜びは大きいが、一方、失うときの悲しみも大きい。いつか失うものだからこそ、今の瞬間が大事なんだと言う人もあるかもしれないが、だったら人はどうして「失うこと」をこうも恐れるのか。持ち上げた岩は必ず落ちる。こんどこそ、こんどこそと持ち上げても、最後は必ず失う。永続する幸せがほしくても、かりそめの安らぎしか手に入らないのか。

そういうことか……。

シーシュポスは私だ。

このカミュが紡いだ『シーシュポスの神話』の最初にとても有名な言葉がある。


真に重大な哲学上の問題はひとつしかない。自殺ということだ。人生が生きるに値するか否かを判断する。これが哲学上の根本問題に答えることなのである。


この言葉には頷かざるを得なかった。人生に生きる意味があるのかどうか。どうしてかその「根本問題」は問われない。生きることは無条件に価値のあることとされ、自殺はどんな場合でもしてはならないと言われる。しかし、そもそも生まれたくて生まれてきたわけでもないし、死にたくなくても必ず死ぬのだ。生きるという「価値」だけ無理やり押しつけられるのに、死に向かって生きなければならない私の人生ってなんなのだ。

Iさんは講義の最後に、無常の世にあって、失われることのない唯一の「絶対の幸福」があると強調した。本当にそんなものがあるのだろうか。そこに至るまでの無常の話が強烈だったために、「絶対の幸福」という言葉の独特の胡散臭さに、私は気づくことができなかった。

もう少し、入部のときに聞いた講義のことを書く。二度目に部会があったのは早稲田大学の近くの部室だった。キャンパス近くの真新しい雑居ビルの三階をワンフロア借り切っており、今思うと学生サークルが賃料を払えるとはとても思えないものだった。全体的にスッキリしていて無駄なものはなく、「人は何のために生きるのか」と書いた横断幕が掲げられている。前回に比べて人数もずっと多く四、五十人はいる。壁がなく窓の多いフロアは開放的で実に明るかった。

司会の案内の後に出てきたのは「お茶大の講師」を自称するOさんで、飛行機の絵をホワイトボードに描いて、降り先のわからない飛行機に乗る人がいるだろうかと問うた。

そんな人、いるはずがない。

しかし、実際には私たちは人生は降り先のない飛行機に乗っているようなものだ。その飛行機の中で歌ったり踊ったり騒いだり、恋愛を楽しんだり財を蓄えたり名声を得ることに夢中になったりしている。しかし飛行機の燃料はいつかはなくなるのであって、なくなれば飛行機の中の人の関心はただ一点になる。

「どこに降りるのか」

降り先がわからなければ、飛行機は墜落するしかない。この墜落ということを忘れて目の前の出来事を楽しむことができても、いざもう燃料がないとなったら、飛行機の中でしてきたあらゆることには価値がなくなる。これらは降り先のない飛行機に乗っていることを、忘れていられるときにだけ夢中になれるのであり、いざこれ以上飛べないとなったときには、私たちは「一番大事なこと」に目を向けざるを得なくなると言うのだ。

話の最後には、トルストイの小説『懺悔』の一節が紹介された。

きょうあすにも病気か死が愛する人たちや私の上に訪れれば（すでにいままでもあったことだが）死臭と蛆虫のほか何ひとつ残らなくなってしまうのだ。（略）よくも人間はこれが眼に入らずに生きられるものだ――これこそまさに驚くべきことではないか！　生に酔いしれている間だけは生きても行けよう、が、さめてみれば、これらの一切が――ごまかしであり、それも愚かしいごまかしであることに気づかぬわけにはいかないはずだ！

O講師は、絶望しないでほしい、「人生の目的」はある。それはこの道を進んで「信心決定」という宗教体験を得て、死の問題を超えた「絶対の幸福」になることだと結んだ。このサークルではそれを明らかにするが、順番に聞いてゆかなければわからないので、ぜひ続けて聞いてほしいと。

まあ、こんなことをずっと聞き続けたのである。それは自分がずっと疑問に思っていたこと、忘れようとしても胸のどこかに、ずっと息を潜めて自分を揺り動かし続けてきた、人生の課題そのものだった。なので乾いた砂が水を吸い込むように私は話を聞き続けたのだ。最初に大勢いた新入生たちはどんどん減っていった。こんな辛気臭い話を聞いているよりも、四月の賑やかで明るいキャンパスに飛び込んだほうがいいと普通は思うだろう。残ったのは「そういうことのできない人たち」だった。つまりはいつか墜落する人生という飛行機の中では、その場限りの享楽は味わえないと思った人たちだった。

5

救われないぜ――地下鉄サリン事件の衝撃

私は脱会した後に、宗教漬けの大学生活ではなく、普通の大学生活を送って青春を謳歌したかっただろうとずいぶん言われた。私に「青春を返せ」と言ってほしかったのかもしれない。でも明らかにあのときの私にはそんなことはできなかった。私と一緒に残って話を聞いていた新入生たちもそうだったろう。「いつか死ぬ人生をなぜ生きるのか」――私のようにずっと考えてきたという人もいれば、ここで話を聞いて離れられなくなったという人もいた。考えたってわかりっこないこの問題に、どうしてこれほど一生懸命になるのかがまるでわからない人がほとんどかもしれないが、そうならざるを得ない人たちがいるのだ。いつの時代も、どんなときでも、そういう人はいる。

この後、私はこのサークルのバックにある宗教団体、浄土真宗親鸞会という教団に入ることになる。サークルでは当然そんな事実は伏せられていて、容易には切れない人間関係を構築しながら、次第に正体を明かして入信を勧めるのだ。だからこの教団の勧誘には相当な問題があるし、この後の入信過程を見ても、マインド・コントロール的なやり方がなかったとはとても言えない。だからこうした教団に入る人たちを見て、彼らは騙されたんだ、とうてい信じられないようなことを信じ込ませる心理操作があったんだ、と言う人を否定しない。そのとおりだと思う。

しかし脱会後にオウム真理教に入信した人たちの手記をむさぼるように読んで、自分が持っていたのと共通の課題を、彼らもまた持っていたことがわかった。だから頭がよく、しっかりとした大学に入って、真面目だった彼らがどうして入信してしまったのかが、私にはとてもよくわかるのだ。そこにはマインド・コントロールという言葉だけでは、どうしても説明のできないものがある。

地下鉄サリン事件があったときに私は大学二年生で、すでに親鸞会に入信して学生部の会員となっていた。事件の日の東京の喧騒と連日のニュース報道。あのとき親鸞会にいた大学生の多くは、心の奥底に彼らと自分たちの共通点を見出してゾッとしていたと思う。オウムの信者が持っていた問いと、私たちが持っていた問いは全くと言っていいほど一緒だった。入った教団とその帰結は違っていても、解決を求めて歩ませた問いはそう変わらないという事実がそこにあった。

当時親鸞会の機関誌でオウム事件の特集が掲載され、そこにアーナンダこと井上嘉浩元死刑囚が、高校受験の勉強の只中に作った「願望」と題する詩が掲載されたことを、今も覚えている。

朝夕のラッシュアワー
時につながれた中年達
夢を失い、ちっぽけな金にしがみつき
ぶらさがっているだけの大人達
工場の排水が川を汚していくように
金が人の心を汚し、大衆どもをクレイジーにさす
時間においかけられて歩き回る一日がおわると
すぐつぎの朝、日の出とともに、逃げ出せない人の渦がやってくる

救われないぜ、これがおれたちの明日ならば
逃げ出したいぜ、金と欲だけがある、このきたない人波の群れから、
夜行列車にのって…

（後略）

その記事はオウムがいかにインチキ教団かということをこれでもかとばかり書いていたが、私が最も衝撃を受けたのはオウムのインチキぶりではなく、井上のこの「詩」である。この記事を読んだ教団の仲間と「もう少し早く生まれていたら、俺たちも親鸞会でなくオウムに入っていたかもな」と話し合った。その話の結論は「私たちの入ったところがオウムではなく、親鸞会という真実の教団でよかったね」という話になるのだが、オウムという存在をどれだけ虚構としたところで、求めてきたものは一緒であるという事実は疑いようがなかった。だからなおさらに私たちはオウムを完全無欠な最低インチキ犯罪教団だと思おうとした。そうじゃないと怖かった。私たちとは全く質の異なる、「向こう側」の出来事だと思い込もうとしたのだ。

それは社会も一緒だったと思う。学歴の高い真面目な若者が、あのようなテロを犯したこ

とについては、その「向こう側」を徹底的なインチキとすることで、「こちら側」を真実にしようとした。だからマスコミはオウムがいかに詐欺的で、虚偽に満ち溢れたおぞましい教団であるかを、徹底的に報道した。

しかし社会が見た「こちら側」は「真実」ではなく、本当はただの「常識」に過ぎないのだ。勉強して立派な学校を出て、ネクタイを締めて満員電車に乗って毎日会社に通って、働いて家族を養って年老いて死ぬ。その生き方が真理なのかどうかは誰も知らない。自分の生き方が正しいのかどうか本当のところはわからないから、「常識」を「真実」にするしかない。だから人生の節目節目で、これでいいんだろうかと、自問自答しながら生きているのが現実ではないか。

オウムを報道するコメンテーターは、将来を嘱望された若者が宗教的な信念を持って人殺しをしたことを嘆いて、一体どこで彼らは道を誤ったのかと論じていた。しかし私たちが今歩んでいる道が、果たして正しいのかどうかは誰もわからない。社会はそれを誤ってないことにして成立しているだけだ。そのことを私たちはよく知っていた。その常識を真実と思えなくなったから親鸞会にいる。そこまではオウムと何ら変わることはない。

だからこそ親鸞会ではオウムの批判が徹底的になされたのだ。それは世間がオウムを完全な虚構とすることで、自らが立ち、歩んでいる人生がゆらぐのを止めようとしたのと同じ理由である。親しい会員が数人、何かに気づいたのか親鸞会をやめた。

その後私は、親鸞会学生部のリーダー格の一人になっていた。寮を出て学生部の人たちと集団生活をし、夜勤のアルバイトをして活動資金を確保し、毎日部室に通って新入生に仏法の話をして、毎週全国各地を巡回して行われている、会長の高森顕徹氏の法話を聞きに行った。とにかく忙しく、毎日がとても充実していた。たまに大学に行って授業も受けるのだけど、アニメやパソコンや女の話ばかりする学生たちを見て「自分はこんな連中とは違う」と思い込んでいた。

ただその活動のさなか、月に何度かふらっと部室を抜け出して渋谷のＮＨＫホールに行くことがあった。私はクラシック音楽を聞くのが趣味で、ＮＨＫ交響楽団の定期公演に通っていたのだ。当時学生券なら千円だったと思う。四階席から遠く下のほうにオーケストラを見ながら演奏を聞くとき、ふと一瞬、自分は本当にこれでいいのかという思いが湧いてくることがあった。でもそれは一瞬だった。ホールを出て渋谷駅に向かう坂を下って大都会の喧騒の中に戻ると、私はまた「この人たちに真実を伝えなければ」という思いに戻るのだった。

6 過労死――激しい活動と大学中退

一九九六年、私は四年生になっていた。学生部には新体制のもとで新しい本部長が派遣されてきた。この年の親鸞会は大躍進を目指して、やたら「○○大作戦」なるものを連発しており、学生部も「例年の三倍」の勧誘を目標とした激しい活動が求められていた。毎日何が何だかわからなくなるくらいにくたびれていた。

朝は会合に出て、昼は部室で食事を作って新入生にふるまい、その後はあちこちの大学に行って授業の空き時間に仏法の話をし、夕方は部会で法話して、終わったら幹部会合をし、メールチェックをしたり企画を立てたり新入生の状況を話し合ったりして、寝る。夜勤のアルバイトがあるときはその後アルバイトに行く。そして土日は全国各地で行われる高森会長の法話に参加する。すでに大学の授業は久しく行ってなかった。

そんな中、大変な事態が起きた。関西で学生が活動中に亡くなったのである。そのKという学生部員は、みんなが帰った後の立命館大学の拠点で一人、土色になって倒れて死んでいたのだ。私と同じ大学四年生だった。すぐに招集がかけられ、状況、経緯がおおまかに説明された。そして本部長が全員に一枚のプリントを配った。毛筆で書かれた言葉をコピーしたもので、こう書かれてあった。

なぜ、みんな驚かないのか。
後生の一大事と、無常迅速なることに。
死に対しては、毀誉褒貶もなければ、敵も味方もない。
真に、人生を真面目にするものは、
実にこの生死の一大事である。

それは、その学生部員が倒れて亡くなる直前に書いたものだという説明がなされた。本部長は、K君の死を無駄にしてはならない。これまで以上に後生の一大事を心にかけて、命がけで戦わなければならないと叫んだ。「これは弔い合戦だ！」と。

私たちは呆然とその話を聞いた。会合が終わった後は淡々と事務連絡が読み上げられ、それぞれが地元の活動地に帰った。あれは過労死だろうと誰しもが思った。そしてその可能性は我が身にも十分にありえることだった。若いからなんとか身体はもっていたが、この活動状況では誰がいつ死んでもおかしくなかった。

「信心決定」という宗教体験をしないで死んでしまえば、「無間地獄」に堕ちるというのが親鸞会の教義だ。それがこの亡くなった学生の書いた「生死の一大事」という言葉の意味だ。だからみんな生きている間に、信心決定しなければならないと必死で活動する。

すでに幹部の疲労は限界に達していて、会合の最中は居眠りが目立った。そこら中の大学で新たに勧誘活動をしたはいいが、戦線が広がりすぎて収拾がつかなくなっていた。そして、新入生を勧誘、育成するどころか、既存の活動員が次々と戦線離脱して来なくなっていた。

私の元にも二年生の学生部員から手紙が届いていた。「瓜生部長へ」で始まるその手紙には「もううんざりです。二度と勧誘はしません。親鸞会にも行きません。絶対に連絡はとらないで下さい」と書いてあった。最後に本人の名前と印鑑が押してあった。その印鑑だけが手紙の中で妙に浮き上がっていて、私はそれをずっと眺めていた。

その後亡くなった学生部員について、大学院入試のために睡眠時間を極限まで切り詰めていたことが伝えられた。大学院入試のために……つまりは親鸞会の過酷な活動が原因ではないと言いたいのだろう。「教えのとおりに生活してなかった」とも言われた。教えられたとおりに真面目に求道していれば、死なないとでも言いたいのだろうか。

会合が終わり地下鉄に乗るまでの帰り道、一緒に歩いていたある大学の幹部が、周りに誰もいないことを確認して、こんなことを言った。

「瓜生君、（亡くなった）K君って、地獄に堕ちたのかな」

「それは仏様しかわからないよな。信心決定してたのかもしれないし」

「そうだよな。でも、信心決定してなかったら、あれだけ求道しててもだめなんだよな。法友が地獄に堕ちたのかもしれないのに、みんな何も感じないのかな」

一生懸命求道していても「信心決定」しないで死んだら地獄に堕ちる。親鸞会の教義はシビアだった。その幹部はその後徐々に活動から遠ざかり、気づいたときにはいなくなっていた。

「彼は苦しい求道に耐えられなくなったんだろう。求道の敗残者だよ」

その幹部がやめた後に担当の講師はそう言った。私は腹を割って話ができる友人を一人失った。

怒濤の大学四年間はこうして終わった。私は一年間大学を休学し、技術系の派遣会社に在籍して、三洋電機で携帯電話の基地局の開発に携わった後、大学を中退して親鸞会の講師部に入った。講師部とは布教に専従する職員で、一生涯を布教に捧げるという決意をして、思い出すだけで胃が痛くなるような、恐ろしい研修を受けてなるものだ。その厳しさに途中で断念する人も多く、退路を断つために大学を中退して進む人も多かった。

どうしてそんな道を歩んだのかと言われても、いまだに納得のいく理由を思い出すことができない。とにかく、そうなってしまったのだ。別に誰かに強く勧められたわけでもないし、ずっと行きたいと思っていたわけでもない。驚くほど自然にその道を進むことを選んでしまった。あえてそのときの自分の気持ちを思い出してみると、大学生活のほとんどを親鸞会の活動に打ち込む中で、そうすることでしかその四年間を意味づけることができなかったからかもしれない。

とにかく、今思うと他にたくさん道はあったのに自分は講師部を選んだ。東京を発つ直前、上智大学での勧誘の帰りに、紀尾井ホールに立ち寄って当日券窓口に並んだ。好きだったクラシックのコンサートも、これからは聴けなくなるかもしれないと思ったのだ。指揮者の名前もどこのオーケストラかも忘れてしまったが、ブラームスの交響曲第四番が演目に入っていて、最後のコンサートで聴くのに、これ以上ふさわしい曲はないと思ったことだけを、鮮明に覚えている。小編成のオーケストラによる温かく親密な感じの演奏が終わると、大きな拍手が続き、指揮者は何度も舞台袖とステージを往復した。

数日後、私は上野から夜行列車「急行能登号」に乗って、福井県にある親鸞会の研修施設「顕真学院」に向かった。

7

絶対無条件服従――考えることの放棄

顕真学院は福井県の芦原町（現あわら市）の北潟湖の畔にあった。周囲の環境もきれいだったが、建物の中の清潔さは桁違いで、廊下にはチリ一つなく、トイレのピカピカぶりは寝床にしてもいいと思えるくらいで、洗濯物は完璧に揃えて干してあり寸分の歪みもなかった。えらいところに来てしまったと思った。入ってすぐにバリカンで丸坊主にされ、私の学院生活は始まった。

一緒に入学した学院生は十二名だったが、最終的に講師になれたのは半分くらいだろうか。困ったことに、ここには何年いたら卒業というのはない。学院の「教授」と言われる指導層から「姿勢が正された」という評価を受けるまで卒業できないのだ。毎月はじめに卒業する人の名前が呼び出されて、呼ばれないものは残留である。長い人は何年も卒業できずに残留し、人によってはそれが耐えられずにやめていく。

じゃあその「姿勢」ってなんだという話なのだが、これは朝夕に唱和する「顕真学院聖則」にその要点が書いてある。

一、我ら学院生は、会長先生の御指示に無条件で従い、信心獲得を本と致します。
一、我ら学院生は、上司の指示は会長先生の指示と心得ます。
一、我ら学院生は、いかなる場合も仏法最優先とし、破邪顕正に命をかけます。
一、我ら学院生は、常に求道の姿勢を正し、会員の模範となります。

つまり、日々の生活の中で上司に無条件に服従し、ほんの些細なことでもミスをせずに忠実に指示どおり実行していける人間になれるかどうかがチェックされ、それがクリアできたら卒業ということになる。

顕真学院の朝は六時に始まる。起床の合図があるとみな一斉に飛び起きて、布団を畳んで押し入れに入れる。五分後には洗顔と着替えをして駐車場に集合する。誰の布団を押し入れの何段目に入れるのかはすべて決まっていて、ビシっときれいに入れないとやり直しになる。もちろん洗面台の蛇口も誰がどこを使うのかが決まっていた。

毎日は分刻みのスケジュールの中で、食事準備と片付けと掃除に明け暮れて終わっていくのだが、たまに講義のある日があって、それはだいたいの場合「指摘会合」のスタイルを取った。特定の学院生を前に立たせ、その言動や姿勢を問題にし、全員で真剣に糾弾するのである。そういう内容の講義のときは、講義室の一番前に指摘される人が座る椅子が置いてある。これを学院生たちは「指摘椅子」と言って心から怖れた。

私も何度か前に出されてやられたが、本当に辛かった。指摘の内容なんて大したものではない。電気を消し忘れたのを報告せずにごまかしたとか、そんな程度のものなのだ。それを全員で心が崩れ落ちるほど糾弾するのだ。反省の態度が見えなければ、この会合は何時間でも続いた。どうしたらよいかわからず泣く人も多かったが、「泣いて許されると思ってるのか！」とか言われるだけで微塵の慈悲もかけられない。講義が終わっても、その場で糾弾しあった仲間との日常がまた始まるのである。どこにも逃げ場はない。途中でおかしくなってしまった人も見た。

そして毎日日誌を書く。これが曲者で、日誌の内容に問題があっても指摘会合が始まるのだ。なのでみんな教授らに認められ評価されるように、懸命に取り繕って日誌を書こうとするが、そうした小賢しさはギリギリまで追い詰められる集団生活の中で、すぐにバレてしまう。なので取り繕って日誌に書いたことに、言動だけでなく心も合わせていくしかないのだ。つまり顕真学院での生活は内心の自由まで奪われる。そうなるともう、途中で断念してやめるか、あるいは身も心も「期待される人間」になって卒業するか、どちらかでなければこの地獄は終わらない。前者を選ぶ人も少なくなかったが、私はなぜか後者を選んでしまった。やめる人が出るたびに「おれは絶対にあきらめずに卒業してやる」と、心の中で握りこぶしを作っていた。

月に二回アニメビデオ頒布の日もあった。一本一万五千円の親鸞会制作のアニメビデオを、坊主頭の怪しい若者が戸別訪問して売り歩くのだ。当然厳しい断りの連続で苦しかったが、これですら学院の中にいるよりはいくぶんマシで、多少の気分転換になった。

「人生の目的」と引き換えに、おおよそ普通の人が大事にしていることをあらかた捨ててしまった集まりが顕真学院であり、みんなはそこを「鍵のない牢獄」と呼んだ。東大や早稲田など人生のエリート街道を歩いてきたような人たちが、そのプライドを全否定される厳しい毎日に、卒業の日を夢見ながら泣いて耐えていた。

これで「人生の目的」が嘘だったら悪い冗談では済まされない。人生の目的を達成するんだ、真宗の危機、人類の危機を救うんだと。これが最後の拠り所だった。これを捨てたら何もかもが崩れ去りそうだった。だから私たちは親鸞会と高森会長がすべてだった。苦しい生活の中だからこそ、私たちはより強く、親鸞会の言う「真実」に依存するしかなかったのだ。

ずっと後になって「フルメタル・ジャケット」という戦争映画を見たときに、あのときの学院が何を目的としていたかがハッキリとわかった。この映画ではアメリカ海兵隊の新兵訓練の様子が描かれているが、並んだ新兵たちに教官が檄を飛ばすシーンがある。

教官「おまえらはどうしようもない最低のクズ野郎だ！」
新兵「イエッサー！　そのとおりです‼」

顕真学院は野卑な言葉を使わないだけで、全くこのとおりのことをしていたわけであって、つまり「親鸞会の兵士」として必要な訓練と、組織への服従心を養うことが目的だったということだ。そこは余計なプライドを徹底的に粉砕して、絶対服従という価値観を、これでもかというくらいに刷り込む場であり、その教育方針は不条理に見えて実際は超合理的だった。そして困ったことに教授たちも同僚の学院生も、みんな気が遠くなるほど優しくて温かいのだ。善意によって服従し善意によって自分を見失っていく。今思えば、「真理」への服従を拒む知性とも言うべき人間性の最後の砦は、優しさによって溶かされるのだと思う。

私が顕真学院にいたのは実質は一年半ほどなのだが、一度だけひどく体調を崩して病院に担ぎ込まれたことがある。優しい看護師さんが「あなた顕真学院の人？　あそこは変な叫び声が風にのって聞こえてくるし、何してるんだろうと思ってたの。みんなどこかのお寺の人で修行してるの？」と聞いてきた。どう話しても理解はしてもらえないだろうと思って、適当に「ええ、まあそんなもんです」と答えると、看護師さんは言った。

「私、京都の生まれなのよ。修行してるってことは、あなたはお寺の息子さん？」

「お寺じゃないけど、仏教やってるんです」

「すごいね。えらいんだね。大変でしょう。頑張ってね」

えらいのかなぁと朦朧とした頭で思った。顕真学院では毎日叱られてばかりで、何ら生産的なことはしていなかった。看護師さんは私と同じ昭和四十九年の生まれだと言った。社会に出て一人前に働いている姿が眩しかった。

その後間もなくして私は現場への実習に出たのだが、実習期間中に泊まっていた本部会館のアリーナ（会館に併設された体育館のようなもの）に、所狭しと並べられた絵画や彫刻などの美術品を見たことがある。高森会長が海外の布教にでかけたときに、現地の画廊に寄って美術品を買い漁ることはよく知られていたが、アリーナいっぱいに並べられたその美術品の数は想像を絶するもので、おおよそ一人の人間が買える範囲を超えていた。

しばらくして高森会長がお供を引き連れて入ってきて、美術品の間をゆっくりと歩いて品定めをしていたが、その姿は「真実の親鸞聖人の教えを伝えるためにご苦労されている先生」ではなく、まるでどこかの専制国家の皇帝のようだった。そんなシーンは今までにもたくさん見てきたが、それによって何らかの疑問が生じたとしても、もうそのときには「親鸞会は真実の教団だから」という前提を変えないままで、自分の中でうまく理屈をつけて消化する方法を身につけていた。

その後私は講師部員になった。二十五歳になっていた。

8　講師部員――激しい活動と「仲間」への依存

講師部員は親鸞会のエリート中のエリートという印象を持っていたが、実際になってみると地を這うような毎日の繰り返しだった。休日は全くなく、上司と事務所で一緒の生活をするためプライバシーはまるでない。そういえばある独身の講師が、事務所にアダルトＤＶＤを隠していたことがバレて、指摘会合で泣き崩れるまで糾弾されていたことがあった。なんか可哀想すぎて泣けた。みんなどうしていたんだろう。

当時の講師には毎月「指令書」という目標指示書が届く。これを達成するのが大変だった。当時重点的に設定されていた目標は、お布施集めとアニメビデオの訪問販売であり、未達ということは許されなかった。私の最初の任地は東北で、宮城県と福島県と山形県の一部が担当地域で、恐ろしく広大だった。

お布施集めはきつかった。支部で割り当てられた目標があるのだが、私の担当していたような小さな支部では、一人あたりの負担は相当なものになる。私に土下座して泣きながら「もうこれ以上は払えません」と言う人もいた。上司である本部長にそのことを相談すると「お年寄りは、払えませんと言っても必ず隠し持ってるもんなんや。それを真実のために使わせるのが君の役目やで」と言われる。この言葉には抵抗があったが、粘り強くやっていると「もうありません」と言う人も最終的にお金を出されるので、本部長の言うとおりなのだろう。

それよりもっと厳しかったのはアニメ頒布で、これは親鸞会制作のアニメビデオ「世界の光親鸞聖人」を、戸別訪問で販売するという活動である。しかし一本一万五千円で全巻セットだと十万円という、高額な宗教アニメを買う人などそうそういるわけではない。厳しい断りの連続であることはもちろんのこと、各地でトラブルが起き、訪問販売法違反で起訴された販売員も出てきた（最終的に無罪判決）。その他にもあまりの疲れから移動中に交通事故を起こしたり、認知症のお年寄りに売ってトラブルになったり、支部によってはどうしても目標が達成できないので、会員が自己負担で購入し（自爆営業と言うらしい）、後に押し入れから大量の未開封のアニメビデオが出てきた、ということもあった。そして現場は激しく疲弊し、通常の布教や育成の活動が覚束なくなっていった。

しかしすべての活動目標の中でアニメビデオの頒布数は最も重視され、未達成は絶対に許されなかったのだ。月末近くなって未達成だと、ものすごく恐ろしい叱咤がされる。

「瓜生くん、今月あと三日だがアニメがまだ五本足りないやないか。どうするつもりだ」

「はい、何としてでも必ず達成します！」

「命がけで目標達成するか？」

「はい。命がけでやります！」

「なら未達成なら切腹するか？」

「え、え、切腹ですか？」

「命がけでやるなら目標未達成のときは切腹しろ！　できるだろ！　命がけはウソか？」

「い、いえ、ウソじゃありません！」

「なら切腹できるな？」

「はい！　未達成なら切腹します！」

こんなコントみたいなやり取りをド真剣にするのであって、こうやって文章にするとギャグなのだが、実際には震え上がるほど恐ろしいのだ。しかしそうやって悲壮な覚悟で回っていると、不思議なことに目標は達成できてしまうのだ。それが死に物狂いでやった結果であればあるほど、真実に向かって歩めば、やはり如来様は見捨てはしないのだ、といった目先の信仰の強化につながっていく。

特に戸別訪問は厳しい断りが続くと「信仰している仲間とそうでない人の境界線」を否応なしに自覚することとなり、相手から見下され、冷たく扱われることで生じるプライドの毀損を「あの人たちは真実を知らない可哀想な人たち」という壁を作ることで防ごうとする。そして、厳しい活動を共に乗り越えてきた仲間たちとの団結は、ますます深まる。

よく伝統教団の宗教者向け研修会などで講義をすると、エホバの証人など戸別訪問で布教活動をする人たちを、伝統教団の人たちが、冷ややかに見下していると感じることがあった。私自身も信者として活動していたときだけでなく、脱会したあとにも、こうした目で見られることにずいぶん苦しんだし、脱会者の相談を多く受ける中で、多くの人たちが同じ思いに苦しんでいることもわかった。

問題を抱えた宗教教団の活動というのはどこか滑稽なものであり、その滑稽さや欺瞞性を明らかにすることは、カルト対策の重要な一面であることは間違いない。しかし教団の虚構性ばかりを強調するあまり、信者たちの歩みを、論者が高みに立ってあざ笑うかのようなやり方を見ることもある。それは信者に気づきを与えるどころか、かえって信者が教団にますます依存する要因になったり、あるいは脱会後の回復の障害となる可能性があることも、知

っておいてほしい。（詳しくは第三章で後述する）

9　インターネット対策――虚構の教団を守る

お布施集めとアニメビデオ頒布に明け暮れた話を書いたが、親鸞会の活動は数年ごとにずいぶん変わるもので、講師部員になって三年後に大きな制度改革があり、活動目標やお布施の割り当ては一切なくなってしまった。その代わりに自分で布教して自活しなさいということになり、内勤の講師部員を除いて給与は一切支給されなくなった。

いろんなことがあった。教団の最高幹部が女性問題を起こして、その最高幹部を快く思っていなかった人たちが、それをきっかけに謀反を起こしたこともあった。ここまでは普通の組織でもよくあることなのかもしれないが、このときは二百名の講師部員が三日間集められて首謀者をあぶり出し、関わったものたちに高森会長から「除名」が宣告され、除名された十数名の講師部員たちが、子供のように泣きじゃくりながら「お許しください！　お許しくださいい‼」と叫んでいた。

そもそも講師部員は、親鸞会から離れては生きていけない身であった。激しい活動の中で揉まれて成長してきたはずなのだが、それは「親鸞会講師部」というごく狭い組織の中での話で、外の世界をまるで知らなかった。そして何よりも親鸞会を離れてしまったら、高森会長の法話を聞くことができない。高森会長の法話を聞けなかったら、「信心決定」できずに虚しく生きて死んで、地獄に行くだけの人生になってしまう。親鸞会から出たら救われなくなるのだ。だから泣きわめいてでもしがみつくしかない。

この頃、私は布教の任を解かれて、内勤を命じられた。表向きは教団機関紙の編集部員という立場だったが、秘密の任務としてインターネット対策を命じられた。当時インターネットの普及によって、親鸞会に批判的な情報が簡単に見られるようになり、脱会者が続出していた。

これは親鸞会だけでなく、多くの新宗教教団にとっての悩みの種であったろう。主な新宗教教団の名称をネットで検索すると、様々な批判が出てくる。日本の主要な新宗教の多くは、二〇〇〇年頃から信者を減らし続けている。原因には親から子供への信仰継承がうまく行かなかったことや、社会意識の変化などがあるだろう。だが私が様々な教団の脱会者と会った経験から言えば、ネットで教団に批判的なサイトを見たことがきっかけで脱会した、という人は相当多い。感覚的には脱会事例の七割くらいは、ネットがそのきっかけの一つになっていると思う。

一方で、同じように教勢を失いつつある伝統仏教教団についても、ネットは批判で満ち溢れているが、こちらはネットを見て脱会したという話は聞いたことがない。そもそも多くの伝統教団においては、教団の真実性を信仰の根拠にはしていないと言える。つまりは自分のいる教団は、人間が作った以上はそもそも清浄なものではありえないのであって、わざわざネットの情報で教えられるまでもない、ということだろう。

親鸞会に限らず全体主義的傾向を持つ教団の多くは、教団やその指導者が絶対的に正しい、という認識が信仰の前提になっているのだ。逆にその一点が崩れたら信仰も同時に崩れるので、一種の情報遮断を行い教団への批判を隠し、信仰の前提を守ろうとする。私の任務もそれであった。

本書の主題とは少し外れるが、私が命じられて行った親鸞会のインターネット対策はそれなりに貴重な情報だし、自分の脱会への大きなきっかけにもなったので、多少詳しく書き残しておきたい。関心のない人は次の節まで読み飛ばしてほしい。

当時はヤフーとグーグルで「親鸞会」を検索すると、ずらっと親鸞会批判のページが並んだ。私たちはこれを「誹謗サイト」と言っていた。どうしていいのか見当もつかなかったが、とりあえず消せるものは消そうということで、顧問弁護士に相談して書面を作成し、コンテンツを削除しないと名誉毀損で訴えますよと、サイト管理者に通達した。

この効果は絶大でだいたいのサイトは閉鎖された。「誹謗サイト」はそのほとんどが脱会した元会員によって作られていた。当然学生であったりサラリーマンであったりで、もし訴訟でも起こされたら対処のしようがない。警告を素直に受け入れて消す人がほとんどだったし、その前にサーバーを提供している業者が、サイト管理者の判断より先に消去してしまうこともあった。

本当のところを言えば、訴訟になったら一番困るのは親鸞会だ。親鸞会を批判する誹謗サイトは大きく二つに分かれる。一つは親鸞会の社会性を問題にするサイトで、正体を隠した勧誘、つまり宗教であるということを隠して、哲学やゼミのサークルと言って布教すること。そして入信後の激しい活動や、多額の献金要求が批判されていた。そしてもう一つは親鸞会の教義的な問題性を明らかにするものだが、当時の「誹謗サイト」のほとんどは前者だった。

つまり親鸞会が名誉毀損で「誹謗サイト」を訴えることができるとしたら、前者の社会的問題性を告発するサイトがその対象になるが、それは自分たちのやっている正体隠しの勧誘が、法廷の場で明らかになることを意味する。親鸞会は正体隠しの勧誘など「やってない」というスタンスだ。もっと踏み込んだ言い方をするとしたら、「現場が勝手にやっている」ということになる。しかし実際は教団組織の指示で行われていることくらい、いくつかの証言を集めるだけで、簡単に立証されてしまうだろう。

つまり「名誉毀損で訴えるぞ」と警告しても、「どうぞ訴えてください」と言われたら、親鸞会は何もできない。だから警告は脅しでしかなかった。警告を受け取ったサイト管理者は冷や汗が出ただろうが、実は警告を出す側も内心はヒヤヒヤだったのである。実際にとある大学生の作ったサイトは、警告に屈することなく親鸞会の勧誘の実態を批判し続けた。サーバーを提供する業者に圧力をかけて消させたが、すぐに別のサーバーに移転してまた同じことをしていた。私たちはそれに対してどうすることもできなかった。実は私も脱会後に親鸞会を批判するサイトを立ち上げ、それについて親鸞会は私を訴えてきたのだが、名誉毀損で訴えたのではなく、サイトに掲載している資料について「著作権侵害だ」として、なんと刑事告訴をしてきたのだった。

こうした圧力に屈しないサイトは他にもいくつかあり、それをどうするかが最重要課題になった。すると視聴覚関係の仕事をしている職員が、私にアイディアを持ち込んできた。彼はノートパソコンでグーグルを開いて、検索窓に「天理教」と入力した。すると天理教で検索した結果が画面に出てきた。上から順番に天理教の公式サイトと、各地の支部や部門のサイト、天理教が作った周辺部のサイトで検索結果は埋め尽くされていた。画面を数ページ送ったところで、初めて天理教を批判するサイトが出てきた。しかしここまで見つけにくい位置に押し込むことができれば、たとえ消せなくともその影響は小さくなる。

「天理教のオフィシャルのサイトや、支部のサイトで検索結果が埋め尽くされていますね。つまり本会についても、同じようにしてしまえばいいということですか」

「ええ、そうです。そうすれば誹謗サイトは消せなくても、見る人を減らすことができるでしょう」


方針は決した。その後は怒濤のように親鸞会に関するサイトを作り続けた。朝八時に出勤し、夜は十一時、十二時くらいまで作っていた。過去の親鸞会の機関紙などの情報を整理してアップすれば、ネタはほとんど無尽蔵と言っていいくらいだった。寝ても覚めてもサイトを作ることばかり考えていた。作ったサイトが数十を超えたくらいから、「親鸞会」の検索結果に変化が現れ始めた。こちらが作ったサイトで検索結果の上位が占められ始めたのだ。

しかしそう簡単には上位の検索結果から誹謗サイトは完全には消えなかった。そのときに例の視聴覚担当の職員がにやにやしながらやってきた。


「瓜生講師、見てくださいこれ。ふっふっふ」

「これなんでしょう。え、ああっ、これは極悪だ！　ひでぇ。私もこういうのやってみます！」

「おぬしも悪ですなぁ。わははははは」

視聴覚担当の職員氏がにわかに作ったサイトは「ヅャンヌ」と書いてあった。どうしてこんな名前なのかというと、当時「ジャンヌ」という誹謗サイトがあって、内容のできがよく、それを見て脱会する人が少なくなかった上に、サイト管理人はこちらの「名誉毀損で訴えますよ」という警告にも屈しない、なかなかに根性のある男だったのだ。

視聴覚担当職員氏は「ジャンヌ」のソースコードを落としてきて、それをちょちょっといじって「ヅャンヌ」と書き換え、内容をごそっと別のものにしてネットにアップしていた。「ジャンヌ」を見に来た人はこの紛らわしいダミーサイトに誘導され、そこには親鸞会のことは一つも悪く書いていない。

私たちはこういうサイトを作りまくった。モラルも何もあったもんじゃない、やりたい放題である。こんなことをしているうちに、「親鸞会」で検索しても誹謗サイトは出てこなくなった。私はかなり評価されて二度も昇格して、さらに特別賞与までいただいてしまった。現場からは「ネットを見てやめる人が少なくなった」と感謝の声が常に寄せられた。その他にも、掲示板を荒らしたり、サイバー攻撃をしたりを繰り返していて、最初は使命感に燃えてやっていたが、途中から次第に虚しくなってきた。こんなことをしなければ布教のできない教団ってなんなんだろう。隠したりごまかしたりして布教をしなければいいだけではないか。

親鸞会を批判する人たちは厳しい求道に挫折した「聞法の敗残者」であって、その挫折から自分の選択を正当化するために、熱心に親鸞会を批判しているのだと思っていた。しかし彼らをこんなふうにしてしまったのは、親鸞会のやり方にも原因があるように思えたし、一度は一緒に求めてきた仲間なのだから、わかり合うこともできるのではないかと思った。

インターネットの掲示板で、親鸞会を誹謗中傷する「彼ら」と対話をしようと試みてみた。やってみると、彼らは思いのほかちゃんと対話できる人たちだった（向こうも私のことを同様に思ったかもしれない）。なんで今までこういうことを、一度もしようとしなかったのか。彼らがどうして親鸞会をやめたのか、どうしてこんなことをしているのかも聞いた。私が彼らを理解しようとしたように、彼らも私を理解しようとしてくれた。そんなやり取りがしばらく続いた。

そんなときに、対話をしていた掲示板は突如「うんこうんこうんこ」という大量の書き込みで溢れてしまい、掲示板は機能を喪失した。私が組織した親鸞会のネット対策員が、「掲示板荒らし」という任務を遂行したのだ。私は掲示板が意味不明な書き込みで埋まっていくのを呆然と眺めていた。「彼ら」との対話はそこで終わり、二度と再開されることはなかった。

10

マインド・コントロール——なぜ私は信じたのか

二〇〇五年になった。相変わらずインターネット対策に励んでいたが、あるときインターネット掲示板「2ちゃんねる」で「高森顕徹の著作は大沼法竜の書いたもののパクリである」という書き込みを見つけた。大沼法竜は大正から昭和の時代に活躍した西本願寺の布教使である。そんなはずはないだろう、と思って気にも留めなかったのだが、あるとき図書室で資料を探していて、一番奥の書棚の上のほうに、分類ラベルの貼られてない見慣れない本が、数冊置いてあることに気づいた。その本は明らかに「誰にも読んでほしくない」という雰囲気を醸し出しつつ、居心地悪そうに他の本の間に混じって置かれていた。私はハシゴを持ってきてその本を手にとって見た。驚いた。そこにあったのはネットで高森会長の本のパクリ元と言われている、大沼法竜の本だったのだ。

なぜそこに「その本」があるのかは容易に想像することができた。数週間前にある講師部員が大沼法竜の本を読んでいることを問題視され、講師部総会で激しい詰問を受けていたのだ。ここにあるのはおそらくその講師部員から没収した本である。それにしてもいくらなんでも、こんなところに無造作に置いておくとは……。

周囲に誰もいないか注意して一読してみると、確かに高森会長の書いた本の一部は「2ちゃんねる」の指摘どおり、大沼法竜の著作のコピーと言われてもしょうがないように思えた。多少はショックだったが、まあそんなもんだろうなという気持ちもあった。もう二年間ネット対策をやってきて、親鸞会という教団と高森会長の問題性について、さんざん目にしてきたからだ。それでも親鸞会を離れたら虚しい人生を送って、死んで地獄に堕ちるだけというガチガチの信念で生きていたから、問題性を認識していながらも、やめるなんてことは頭の片隅にも浮かばなかった。しかし、大沼法竜に続いて出遇った二冊の本が、自分の人生を変えることになる。

一冊は岡本浩一著『権威主義の正体』という本だった。人がなぜ組織の論理に同調し服従するのかをテーマとした本なのだが、組織の中での教条が組織の外の論理より優先され、それに従うことが組織の最優先課題になり、集団ナルシシズムに陥り暴走していくプロセスが、ナチスドイツの実例を通じて詳細に記述されていた。一体何でこの本を買ったのかいまだによくわからないのだが、とにかくこの本を読んだときに思ったのは「これ、まるで親鸞会のことが書いてあるじゃないか」ということだった。

反ユダヤ主義という教条に支配されて、最終的にユダヤ人の虐殺という愚行にナチスが陥った背景が、私が所属している親鸞会の内実に似ているように思えたのだ。著者は当時不祥事を繰り返す日本の会社組織への警告、という意味合いでこの本を出したのだろうが、私には高森会長という存在を権威化し、教えを聞き広めることではなく、高森会長の一挙一動に従うことを自己目的化し、競い合うように忠誠心を量り合い、それができないものを糾弾して排除しようとする、親鸞会の問題そのものが書かれていると感じた。

そして決定打になったのが次の一冊、西田公昭著『マインド・コントロールとは何か』だった。この本は「親鸞会がマインド・コントロールして若者を勧誘している」という指摘をする誹謗サイトに、反論する必要性から購入したものだった。私自身が十年以上大学での勧誘に関わってきたこともあり、私たちがマインド・コントロールなどしているわけがないだろう、何寝ぼけたことを言っているんだ、というくらいの思いで読み始めた。勧誘をしている側にその自覚がないのに、マインド・コントロールなど成立するわけがない、反論など造作もないことだと無邪気に思い込んでいた。

そんな態度で読み始めたが、三分の一ほど読んだところで、体中から冷や汗が止まらなくなった。ページをめくる手が汗でべっとりしていたのを今も覚えている。隣のデスクの人から「瓜生講師、なんか体調悪いんですか？」と話しかけられた。そのときの思いを言葉で表現するのは難しいのだが、自分の立っているところが根底から崩されるような感覚であった。

とにかくページを読み進むにつれ、滝のように冷や汗が流れたのだ。

どうしてこんな衝撃を受けたのか。この『マインド・コントロールとは何か』という本は、主に「統一教会（世界基督教統一神霊協会、現世界平和統一家庭連合）」が、信者にどのような心理的影響を与えて、信仰をコントロールするのかを述べているのだが、当時の私自身も「統一教会」という多くの批判を浴びている教団に、今さらどうして優秀な若者が入るのだろうか、と疑問を持っていた。最初からわかっていたら絶対に入らないような宗教に、どうして彼らは入信して自分の人生を捧げてしまったのか。

その問いに、西田は勧誘や育成の過程で使われる様々な心理学的なテクニックを説明し、徐々に信者に「ビリーフ（我々が個人的に保有する知識や信念）」が形成されていく過程を、詳細に論じている。それがどうして衝撃だったか。統一教会が使っている心理学的なテクニックが、私たちが親鸞会で使っていた勧誘・育成手法と恐ろしく似ていたからだ。

つまりは親鸞会で勧誘活動を続けていた私たちは、統一教会に類似したマインド・コントロール的な手法を使っていたにもかかわらず、そうと気づいていなかっただけだったのだ。

これはとても重大なことで、統一教会が使っているのと同様な手法を使って勧誘していたということは、入信する過程において統一教会信者に起きている心理的変化と、同じことが私にも起きているのではないか、と判断できる。わかりやすく言えば、統一教会の信者は「最初から知っていたら、絶対に入らなかっただろう非合理な信仰を、マインド・コントロール的なテクニックを用いられて真実だと思い込まされた」と私は思っていたが、「実は自分の信仰もそうなのではないか」と思ったのだ。

私が「親鸞会での教えは間違いのない真実である」と思っていた信念は、自分が考えて選び取ったのではなく、こうした心理的なテクニックによって、さしたる根拠もないまま思い込んでいただけだったのではないか。私はマインド・コントロールのテクニックは、人を騙そうという悪意の上にしか成立しないと思っていたのだが、実際にはそのテクニックによって信念や信仰を得た人間が、自分がされた同じやり方で布教することで、自覚も悪意もないままでマインド・コントロールの伝播が行われる。だからマインド・コントロールをしているという自覚も、されているという自覚も生じないのである。

「マインド・コントロール」というと、ものすごくおどろおどろしい、オウムが薬物を使って信者に神秘体験をさせたようなものを想像してしまうのだが（私もそう思っていた）、そういうものではない。それは例えば勧誘対象に対して手取り足取り大学のことを教えたり、手作りの食事をごちそうしたり、毎回話の感想を書かせたり、たくさん褒めたり、合宿で寝食を共にしたり、なるべく多くの時間を信者と一緒に過ごすようにしたり、みんなの前で決意表明をさせたり……。こんなありきたりで当たり前のことで、人間の信念がそう簡単にひっくり返るものか、としか思えないようなことが、マインド・コントロールのテクニックの正体なのだ。だからやっているほうも受けているほうもその自覚は少しもない。そしてこの本は、こうした私たちがごく日常で受けている心理的な力を、一つの明確な方向性を持って不断にかつ連続的に与え続けることで、さしたる根拠のない非合理な教理が、いつしか真実として認識されてしまうことを示していた。

「マインド・コントロール」というと、あたかも信者が「思考停止」してしまい、何も考えずに教理を盲信しているかのように思われがちであるが、これは半分正しいし半分間違っている。詳しくは第三章で触れるが、統一教会にしてもオウム真理教にしても、私が脱会後にこうした団体の信者や元信者に会ったときの印象を言えば、普通の人たちよりもずっと人生や自分の存在意義や、宗教的真実について考えてきた人たちなのである。そして入信後もそれぞれが真剣に信仰について考えてきたので、思考が停止していると言われても本人たちはピンとこないだろう。この場合の「思考停止」というのは、「教祖や教団は真実である」ということが思考の前提となり、その前提を疑うことができないことを言うのであって、思考そのものが奪われてしまうのではない。

こうした「思考の前提」というのは、何もカルト的な教団の信者にのみ生じるのではない。普通に人生を生きていたら「生きることは素晴らしく、命は尊いものだ」とか「ナンバーワンよりオンリーワン」とか「一日一日を精一杯輝いて生きることが大事だ」といった価値観を無条件に受け入れて、その是非をあえて問うことをしない人が大半ではないだろうか。カルトに入っている人というのは、ある意味こうした「世俗の価値観への思考停止」から脱した人たちであると言える。なので信者から見ると、実は教団の外の人こそ「思考停止」しているようにも見えるのである。

11　パラダイム・シフト――「思考の前提」を疑うということ

『マインド・コントロールとは何か』を読んでわかったのは、私が思っていた「親鸞会での教えは間違いのない真実である」ということが、実は自分が考えて選び取った信念ではなく、例えば統一協会の信者が文鮮明を再臨のメシアと仰いだりするのと、その信念の形成のプロセスは変わらないのではないかということだった。簡潔に言うと、「私はひょっとしてマインド・コントロールされていたのではないか」という疑問が湧き上がってきたのだ。

今までずっと、なんで「真実の教団」なのにこんなに矛盾に満ちているのだろうとか、どうして高森会長はこんなに贅沢なのだろうかとか、なんでこんな嘘つき勧誘をしているのだろうかとか思っていたが、そもそも何らかの説得力のある根拠によって、「真実の教団」であると判断したことなど一度もなく、そう思い込んでいるだけではないかという疑念が出てきた。なぜそんな簡単なことを、今まで考えることがなかったのかと思うが、いつの間にか「真実の教団」であることが、再考する余地のない思考の前提になっていて、それ自体を問えなくなっていたのだ。

しかし「真実の教団だから」という前提が、仮にマインド・コントロールによって生じた思い込みに過ぎないとしたら、教団に対して湧き上がってきた様々な疑問が、ピタッと整合性を持って説明できるのであった。つまりは「親鸞会なんてのは世界唯一の真実の教団ではなく、よくある新宗教のひとつに過ぎない」と前提を変更すれば、私が今までに見てきたことはなんの理屈も必要なく、すべて自然に説明できるのである。

そのとき私は、大学時代に読んだ『科学革命の構造』（トーマス・クーン著）を思い出していた。大学の教科書はほとんど売ってしまったが、なぜかこの難解な本だけは捨てずにずっと取っておいていたのだ。クーンによると、その時代に当然と思われていた認識や法則（パラダイム）によって、説明できない観測や実験の結果が累積すると、それらを合理的に説明できるパラダイムによって置き換わり、その後は新たなパラダイムを前提とした、問題の解決や事象の説明がなされるようになる。クーンはそれを「パラダイム・シフト」と呼んだが、まさにこのとき自分一人の中に、この「パラダイム・シフト」が起きたように思ったのだ。

つまり当然と思っていた事柄である「真実の教団」という「パラダイム」の上で親鸞会での事象を捉えていた自分が、この教団はおかしいのではないか、というくつかの出来事にあっても、「自分にはわからないが高森会長の深い御心に違いない」といった考え方で「真実の教団」という「パラダイム」をあくまで堅持した上で、矛盾が生じないような思考を展開しようとする。

しかし「真実の教団」という「パラダイム」を疑うに十分な出来事があまりに積み重なると、その「パラダイム」そのものの是非を初めて疑うようになる。そうして「真実の教団とは言えないのではないか」という、新しい「パラダイム」にシフトしたときに、それまで「真実の教団」だという古い「パラダイム」に矛盾が生じないよう無理に捉えていた出来事が、すべてなんの矛盾もなくスッキリと説明できるようになる。クーンはあくまで、パラダイムは自然科学を説明するための概念としていたが、私はこの極めて個人的な思考の転換を眺めてみたときに、クーンの「パラダイム・シフト」という言葉を、思い出さずにはいられなかったのだ。

このときに自分の中に起きた感覚を説明するのは難しい。単純に自分のいる教団を否定できた、ということではないのだ。教団の真実性が絶対的な思考の前提として存在していた私の中に、初めてそれについての相対的な視点を獲得した、と言ったらいいのかもしれない。脱会するときの信者の心境は、だいたいどこかでこの「相対化」という視点をたどることになると思う。そうなって初めて「この教団を続けることが是か非か」という論点を、自分の中に作ることができるのだ。

私はこの頃、親鸞会という教団で求道を続ける意味はあるのか、ということを真剣に考えていた。高森会長が真実を説く唯一の先生だと仰ぎ、その言葉を絶対視し、高森会長にどれだけ忠実に従っているかを教条とする教団に、これからも居続けるべきなのか悩んだ。しかし一方で他に自分が救われる道筋があるのだろうかとも思った。何しろ親鸞会をやめても、ずっと自分が悩み続けていた「人間は最後には死ぬのに、なぜ今を一生懸命生きるのか」という問いが解決したわけではない。しかし親鸞会でこの問題が解決する、という望みも薄いように思えた。

12　脱会の決意——人生をやり直す

四月になり、大学での新入生勧誘の季節になった。この時期の私は毎年勧誘活動の応援に行っていて、慶應義塾大学のダミーサークルの担当となり、大学院生と偽って毎日新入生相手に講義をしていた。学生が必死に勧誘してたくさんの新入生を連れてくるのだが、それらの人に片っ端から話をして入部を勧めていた。去年までは使命感とやりがいを持ってできていたそれらのことが、その年はやけに苦しかった。

これはもう限界だと思った。そもそも自分が疑問に思っている教団へ入信を勧めるために、毎日朝から晩まで必死の布教活動なんてできるはずがない。そんな苦悩の中でゴールデンウイークの新入生勧誘合宿が始まり、長野の高原で一日六時間の講義を五日間することになった。私は三十人ほどの学生の担当になった。彼らの真剣で純粋なまなざしが痛かったが、そのまなざしのおかげでやっとやめる決心ができた。

自分は大学生の頃から親鸞会以外の世界を知らないし、大学は中退しているし、まともに働いたこともない。もしこのまま親鸞会にいたら生活は保障されるし、講師部員は尊敬される立場だから、それなりの居場所も確保されるが、だからといって自分に嘘をつき続けてこの生活を続けられるとも思わない。しかし親鸞会をやめて私は生きていけるのか。人生の目的を見つけることができるのか。その後普通のサラリーマンとして生活することができるのか。できたとして、その人生にどんな意味があるというのか。

考えすぎて気が狂いそうだった。親鸞会にしか友人はいなかったので、誰にも相談できなかった。だいたい、親鸞会の友人に相談しても返ってくる答えなんかわかりきっている。私自身が今まで信者からの「やめたい」という相談を、数え切れないほど受け続けて答えてきたのだから。やめたいと思う私の頭の中には、すでにやめさせないための想定問答集があるのである。

混乱して鬱病のような状態になり、能登半島の北の端まで車を飛ばした。岩壁から飛び降りて死のうとも思ったのだが、いざ足を踏み出そうとすると、足が固まってまるで動けなくなる。場所を変えたり、助走をつけたりしたけど、どうしてもどうしても怖くて無理だった。いざ飛び降りようとするとものすごい動悸がして足が動かなくなる。ネットで調べると首吊りがいいとあったのでロープを買ってきたりしたが、実際にやろうとすると飛び降りるよりもっと怖く、ロープを掛ける場所を探すだけで一日が終わったりした。人間はそう簡単には死ねないということがよくわかった。そもそも死の不安と恐怖が、仏法を求めるきっかけの一つだったではないか。

そしてやっと、死ぬくらいなら親鸞会をやめて、人生をやり直すしかないと思えたのだった。東京タワーから飛び降りるくらいの覚悟で電子メールを送った。一通は『マインド・コントロールとは何か』の著者である立正大学の西田公昭教授（当時静岡県立大学准教授）で、もう一通が岡山で統一教会信者などの脱会支援をしていた、日本同盟基督教団の高山正治牧師だった。どちらもインターネットで連絡先が公開されていた。

すぐに高山牧師から返事が来て、親鸞会という団体はよく知らないが、できる限りの支援をするという内容だった。西田教授からはずいぶんあとになって返事がきた。後に知ったことだが、当時脱カルト問題に関わる人たちの間で、私のことはそれなりに知られており、インターネット対策で有名だった私が脱会するというのは、何らかの偽装工作か罠ではないかという懸念があり、すぐには返事ができなかったという。

とにかく私はルビコン川を渡った。私は当時親鸞会の会館に共同生活しており、脱会後にどこに住むかという問題もあったので、唯一の兄妹である妹に連絡をして、再就職が決まるまで一時置いてくれるように頼んだ。しかし妹は「なんとかするけど、まずは両親に話をしなさい」と実にまっとうな返事を返してきた。でも私は大学を中退して親鸞会の講師になるときに勘当されていたのだ。両親にどうやって話そうかずいぶん考えて、「転職したいのでしばらくの間住まわせてもらえませんでしょうか」というなんとも気まずいメールを送った。返事はすぐに来て、「一か月くらいならいい」というものだった。一か月って何だよと思いつつ、これで準備は整ったと思った。

相談をしていた高山牧師からは、そのまま夜逃げして脱会したほうがいい、というアドバイスを貰った。おそらく脱会の意思表明をしたら強力な引き止めがあり、私が翻意すると思ったのだろう。しかし親鸞会には十二年間もお世話になったのだし、そんな不義理なことはしたくない。正式な手続きを経て講師部員を退部して、然る後に脱会することにした。

上司に親鸞会の講師部員をやめたいという申し出をして、いろいろな人にずいぶん説得されたが、私の意志が固いということがわかるとあっさりと受理された。お世話になった人たちにお礼を言い、大勢の前で退部のあいさつをし、最後に高森会長のところに行った。深く礼をして今までお世話になりましたと言うと、高森会長は頷いて何かを言った。その声は小さくてよく聞き取れなかったが、場所は違っても仏法を聞きなさいとか、そんなことではなかったかと思う。あっけなくすべてが終わり、やめるというのはこんなに簡単なことだったのかと思った。車に荷物を載せ、載り切らないテレビや家具は会館に住む後輩に譲り、私は実家に帰った。帰ると猛烈な寂しさが襲ってきた。

13　再就職と社会復帰――回復へのみちのり

久しぶりに実家に帰り両親の顔を見た。当たり前だけどずいぶん老けていた。父は定年退職したばかりで、だいたい一日中家にいた。不思議だったのは、両親ともに私がどうして脱会したのか、どういう心境の変化があったのか、これからどうするのかを一言も聞かないことだった。つまりはいい具合にほっぽらかしてくれた。帰ってきて嬉しいとも言わなければ、早く就職しろとも言わなかったし、何ら援助らしい援助もしなかった。それどころか、お前、一か月はただで住まわすけど、二か月目からは家にお金を入れろよと父は言った。

これは助かった。私は本当に惨めな敗残者だった。自分が人生をかけたいと思って、十二年間必死になって求めた宗教をやめて実家に帰ってきた。大学をやめて親鸞会の講師になるときは、ずいぶんと喧嘩したし最終的には勘当もされた。あのときはおそらく私のことを死ぬ気で心配してくれたと思う。しかし無様に家に帰って来た私を、両親はただの三十一歳の男として扱ってくれた。内心は心配していたのかもしれないが、とにかく私を信じて適当に放置したのだ。自分が同じ立場になったら、同様のことができるかどうか全く自信がない。これからはまっとうな人生を歩めとか、いつまでも家にいていいから、じっくりと人生やり直したらいいとか、そんなことをきっと言ってしまうだろう。当時は少し冷たいような気もしたが、今思うとこれは私にとっては最高の向き合い方だった。

脱会支援においては相手の年齢や環境にもよるが、脱会者を「成人した一人前の人間」として扱うことが極めて大事であると思う。外から見たら宗教に狂っているようにしか見えなかったかもしれないが、真剣に人生を生きて厳しい信仰上の壁を幾度も乗り越えて、その辛い厳しい歩みを最終的には捨てる覚悟で脱会したのである。今思ってもあれは並大抵の決断ではない。そのときの信者の思いは深い敗北感である。本当は親にも教えを伝えて入信させたかったはずであり、やめさせたい親との間に様々な衝突もあったはずだ。それが一転して自分が間違っていたと帰ってきたのだから、脱会者の多くは屈辱感に打ちひしがれているのである。

それを取り違えて、信者に対して「お前は間違っていて、私たちが正しかった」なんて思わないでほしい。私の親は幸いにそういう態度に出ることはなかったが、脱会後に様々な人に会う過程で、「お前は間違っていて、私たちが正しかった」という態度を取られることが多くあった。そんな態度を取りながら、その上で優しいのである。この優しさは本当に辛いことだった。正しい人間が誤った人間を善導しようとする優しさほど残酷なものはない。どうか、脱会者という存在に向き合うことがあったとしたら、その人が歩んできた人生を尊重して、一人の分別ある大人として扱ってほしい。脱会者はボロボロのか弱い存在であるし、助けを求めてもいるが、自分の過ちは自分が一番よくわかっているのだから。

脱会後にすぐに私は岡山の高山正治牧師に会いに行った。五時間くらい話を聞いてくれたことをよく覚えている。高山牧師にはその後もずいぶんとお世話になった。その後高山牧師の紹介で様々な脱カルトの活動をしているキリスト者に会いに行った。どの方も深く印象に残っているが、統一教会信者の脱会支援で有名な、杉本誠牧師に会ったことは特に忘れられない。杉本牧師は私に会ったときに、どんなに大変な思いをして脱会してきたのか、よく出てきてくれたと泣いたのだった。大勢の脱会の苦しみを見てきた人の涙だと思った。今まで脱会支援の活動を通じて私も様々な脱会者に会ってきたが、その人の前でこんなふうに泣いたことはない。私はいつかあのときの杉本牧師のように、脱会者の前で泣くことができるだろうか。

その後就職も決まり、京都のＩＴ企業に勤めることになった。こんな自分を誰が雇うのだと思ったが、予想外に善戦し七社回って四社内定という不思議な結果となった。履歴書は正直に「浄土真宗親鸞会講師部」と書いたが、面接官にあまり関心がなかったのかほとんど聞かれなかった。それよりどんなプログラミング言語ができて、どんな開発実績があるかといったことばかり聞かれた。就職してからは名刺の渡し方一つ知らないのでそれなりに苦労したが、これも叱られて恥ずかしい思いをたくさんしつつ覚えていった。そりゃ辛かったが、脱会したときの苦労に比べたら大したことはなかった。この後も辛いことはたくさんあったが、脱会の苦しみが比較にならないくらい重かったので、いつもそのことを思い出すと乗り越えられるのだった。

その後は西田教授の紹介で日本脱カルト協会に入った。そこには自分と同じように、様々な教団を脱会してきた元信者が集っていた。それらの人たちとの交流の中で、私は徐々に回復していった。

14 親鸞会を除名に――そして脱会支援へ

私は講師部員を退部して親鸞会を後にしたのだが、会員までやめていたわけではなかった。そろそろ会員もちゃんとやめようと思って律儀に本尊を返しに行ったのだが、その際に現役時代の上司が来ていて、「お前は親鸞会の批判をネット掲示板に書き込んでいるだろう、即刻やめよ」と一方的に言われることとなった。身に覚えのないことだったので否定したが、その数日後には私が「ネットで親鸞会を批判している」ということと、私への酷い悪口とともに除名にすることが親鸞会の行事で発表され、すべての会員は私と一切の接触を断つように、全会員あてに通達が流れた。

その通達が流れたあとに、私の携帯電話は会員からの着信で鳴り続け「最近見ないけどどうしたんだ。こんな通達が流れたけど、何があったのか?」と一斉に聞いてきた。私がやめたということは一部の人しか知らなかったから、在籍していたときに縁の深かった人が、除名を聞いて電話してきたのだ。それを縁として、何人かが私と同じように脱会することになった。

私自身、カルト信者の脱会支援をしている人たちと仲良くなる中で、「親鸞会は様々な問題を抱えてはいるが、カルトと言えるような教団ではないと思う」と言っていたが、やめた人間にこんな仕打ちをするんだったら、やってることはカルトと似たり寄ったりではないかと怒りがこみ上げてきた。

そこで、同時期に脱会した元講師と一緒に、親鸞会を批判するインターネットのサイトを作って公開することにした。その後は公開を停止するように親鸞会の弁護士から内容証明が届いたり、私が勤めていた会社にも圧力がかかったりしたが、サイトの公開後はひっきりなしに脱会相談を受けることにもなった。親鸞会はひっそりとやめたつもりだったし、脱会相談なんかするつもりもなかったのだが、流れでそうなってしまったのだ。

その内容は、親が信者である子供をやめさせたいという相談もあれば、会の中にいる信者がやめたいと相談してくることもある。信者の相談の多くは、最近の親鸞会はおかしいしやめたい、親鸞会をやめても私は救われるのだろうか、会をやめたあとに仏法を聞けるのだろうか、本当に高森会長は唯一絶対の真実の先生なのだろうか、というものだ。私と同じように、この人生は果たして生きて死ぬだけのものなのだろうかと思い、悩んで親鸞会に出遇い、そこで熱心に教えを聞いてきた人たちである。

自分も同じことに悩んで、同じことに苦しんで、そして脱会した。彼らはただ、本当のことを聞きたかっただけだ。多くの人が見なかったことにして通り過ぎる人生の問題を、通り過ぎずに受け止めようとしてきた人たちである。私はその後、オウム真理教の後継団体である「アレフ」の脱会支援に携わることになるが、アレフの信者についてもこの点は少しも変わらない。

結局私は、親鸞会はやめたが浄土真宗はやめることができなかった。同じ浄土真宗の伝統教団である真宗大谷派（東本願寺）の末寺の住職をしている。様々なところで法話をしているが、法話の場所と日程をインターネットで公開するようにしたら、そこに親鸞会の現役の会員や脱会者がよく来るようになった。だから、全国各地の法話先で今も脱会の相談を受け続けている。

以上が、私の入信と脱会の体験である。

私は自分が十二年間を過ごした浄土真宗親鸞会という教団を、カルトと決めつけるつもりは毛頭ない。正体を隠したダミーサークルの勧誘をしていたという点で、相当な問題のある教団であるが、それ以外のところは、よくある地方の中堅新宗教の範疇を超えるものではないと思う。だから、私の体験がカルトからの脱会かと言われると、そうとは言えないと思う。

この章を書いたのは、人が真実を求めて真実に迷っていく思いを知ってほしかったからだ。脱会支援をしていると、「こんな宗教に入らないでも、普通に楽しんで生きていればいいじゃないか」という思いを、周囲の人が信者にぶつけるシーンをたくさん見てきた。そのたびに私は、とてもやるせない気持ちになるのだ。

確かに、生まれて成長して、一日一日を大切に生きて、楽しんだり喜んだり悲しんだり苦しんだりして、年をとって死んでいく。ほとんどの人はその当たり前の人生を受け入れて生きていく。それのどこが悪いのだと普通は思うだろう。しかし、どうしてもそれに納得して生きていけない人間がいるのである。「その人生になんの意味があるのだ」と命の底から叫ばざるを得ない人たちがいるのである。宗教とは、本来そうした人間の持っている根源的な問いをあぶり出すものだ。

十八歳の頃から宗教に入り、三十一歳で脱会して、その後も寺院住職という宗教者となり、また脱会支援をしていて知らされるのは、人間は本当に大事なことを何一つわからないままで生きている、ということである。それでいいと生きられるならそれでいいと思う。でも、「それでいいという生き方」は、すべての人にとっての正解ではないのだ。

コラムI　カルトに定義はあるのか

カルト問題についての講義や講演をしていると、そもそもカルトの定義ってなんなのでしょうか、という質問を受けることがよくある。

カルトという言葉を辞書で調べるとこうある。

カルト【cult】①宗教的な儀式・祭儀、ないし崇拝。②転じて、ある特定の人物への狂信的な崇拝、さらにはそういう狂信者を産み出す反社会的な宗教集団をいう語。③趣味などで愛好者による熱狂的な支持をいう。「―ムービー」（大辞林第三版）

この中でここで扱う「カルト」は言うまでもなく②の意味であり、それを明確にするために、あえて「破壊的カルト」という言葉を使うことも多い。本書では断りのない限り、カルトと言うときは「破壊的カルト」を指す。

ここで重要なことは、教義内容や教祖が常識的に見て限りなく虚偽に思えるような宗教であっても、それだけを見て「カルト」だとは言わないことだ。岩波書店の『岩波キリスト教辞典』のカルトの項目では、こう指摘されている。

ある集団をカルトと呼ぶ基準は、その集団の教義や儀礼が〈奇異〉に見えるかどうかであってはならない。あくまでその集団が、個人の自由と尊厳を侵害し、社会的に重大な弊害をもたらしているかどうかであるべきである。

例えばオウム真理教が「カルト」と言われるのは、信者がヘッドギアで教祖と自分の脳波を同調させていたからではなく、あるいは教祖の仮面をかぶって踊りながら選挙活動をしたからでもない。これは狂信とは言えるかもしれないが、カルトであるという理由にはならない。常識的に見たら明らかに「奇異」と思われる活動をしていても、憲法に信教の自由が保障されている限りは、一つの信仰として認められなければならない。

彼らがカルトと言われる理由は、その活動によって信者の財産や人生が搾取されたり、あるいは脱走しようとした信者が命を奪われたり、サリンを撒いて社会秩序を破壊しようとしたことにある。つまり信仰の内実がカルトということではなく、信仰から生じた活動が人権侵害や反社会性を帯びているかどうか、という点で判断されるというのだ。この定義が現在カルト問題に関わる人たちのコンセンサスであり、本書でも基本的にはこの定義に基づいて「カルト」という言葉を使う。

ただしこれだと、反社会性が明確になっている教団でなければ、カルトとしての問題提起ができないという課題がある。実際のところは、明確な反社会性のある教団というのはそう多くない。相談を受ける団体の多くは、教祖や教団への無条件の服従を求めたり、外部との情報を遮断したりという、カルトとしての典型的な兆候を見せながらも、具体的な反社会性があるかと言ったらそうでもなかったりするし、内部で信者の虐待などが起こっていたとしても、それが表面化しない限りはわからない。

日本基督教団の竹迫之牧師は、カルトの定義を反社会性の有無に置くのではなく、「全体主義的な人格変容を組織的恒常的に誘導する運動体」と定義すべきだと主張している(二〇一九年名古屋講演)。これが当てはまるかどうかを個々の教団において判断するのは相当に難しいだろうが、この定義を生んだ問題意識には私も同意する。

本書ではこれらのことも加味して、カルトを次のように定義したい。

「カルトとは、ある特定の教義や思想、あるいは人物そのものを熱狂的に崇拝する集団であり、その組織的目的を達成するために、詐欺的な手法を用いて勧誘したり、メンバーやメンバー候補者に対して、過度な同調圧力を加えて人格を変容させ、精神的肉体的に隷属させたり、経済的に無理な収奪を行ったりするものをいう。」

第二章　なぜ人はカルトに惹かれるのか

けれども時折、なにかのきっかけで、ふと自分が言い知れぬ生の無意味のなかに置かれていることに気がつく——あるいは漠と予感する——瞬間がある。それは説明のできない気分のようなものであったり、なにか冷たいものに触れたときの刹那の知覚にも似たものであったりする。あまり分明には表現し難いのだが、しかし、いずれにせよ個々の事物にわれわれが退屈するときの経験とは本質的に違うなにかであることだけは紛れもない。朝から同じ単調な仕事をしていて退屈した、とか、テレビのお喋りを長時間聞いていて退屈した、とかいうような場合とは本質的に異なる、なにか全体的な無意味の雰囲気に自分がすっぽり包まれているような、いいようもない不気味な感情のことを私は示唆しているつもりである。個々の事柄に対する退屈なら、事柄を変えさえすれば解消する。テレビを切って音楽を聴くなり本を読むなりして、新しい刺戟によって状況を取り換えることが可能なのである。しかし、ここで言うのはそうは行かない、われわれの存在そのものを蔽っている全体的ななにかある説明のできない倦怠の感覚である。

いったいそれが何であるかを私はうまく説明することができない。どういう言葉を当て嵌めてよいかも分からない空虚感。時間の彼方になにか黒々とした深い闇があって、自分がベルトコンベアに乗せられ、否応なしに前へ前へと押されていく徒労感。それでいて、その抗しがたいものから身を引き離そうとすると、目の前の小さな用務やささやかな楽しみごとによって一時的に避難する「忘却の智恵」以外に方法を知らないもどかしさ。そんなふうに言ってみても、やるせない思いがし、何をしても何を見てもつまらないこの倦怠の感覚を、私はうまく説明したようには思えない。

（西尾幹二『人生の価値について』）

読者はこの文章を読んでどう感じるだろうか。少しでも共感できた人ならば、カルトに入った人たちが人生の何を解決しようとしていたのかを、多少はわかっていただけるかもしれない。

どうして人はカルトに惹かれるのか。そのきっかけは人や教団によってもずいぶん違うだろうし、一般化して語ることはとてもできないだろう。病苦や生活苦から求めた人もいるだろうし、孤独感から居場所を求めて入信した人もいる。ただ、少なくとも私が会ってきた信者や元信者たちは、どこか死に向かう生の無意味さを感じていたか、あるいは宗教と出遇うことによって、その「説明のつかない空虚感や不気味な感情」を呼び覚まされたのではないかと感じる。

教団の虚偽性にかかわらず、それを求める信者の根底にある思いは、人間存在の根本的な意義を求める宗教心であったことは、疑いないと思う。これは私がそうだったから、たまたまそういう人たちを引き寄せただけかもしれないが、それでも私は彼らの求めたものは何だったかを、語らずにはいられないのだ。

この章では、入信のポイントやそれを生む信者自身の人生への問題意識、カルトの反社会性がどこから生まれるのか、救済の絶対権威者である教祖はどのようにして生まれるのか、そしてどうしてそこから抜けられなくなってしまうのかを主に論じたいと思う。

1 カルトに入る時期や入信者の傾向はあるのか

一般的にカルトへの入信は若年層ばかりがクローズアップされる傾向にあるが、実際のところは中高年層においても珍しくない。では、カルトに入る時期に傾向はあるのだろうか。大学に入学した新入生がカルトに入りやすいのは、それが人生の転機だからだ。高校時代には一生懸命に受験勉強をし、努力の方向性が明確に定まっていた。それがいざ大学に合格してしまうと、人生の目標を失いどうしていいのかわからなくなるのだ。特に地方出身者で地元では秀才だったが、都会の名門大学に入ると周囲の優秀な学生に埋もれ、自分の存在の小ささに気づいて、何かの拠り所を見つけようとしてカルトに入ってしまう人も多い。大学に落ちて志望校に行けなかったケースも、同様にその虚しさから自分の存在意義を求めるだろう。私はそのパターンだった。

一方、熟年層ではどうなるだろうか。これは女性については子育てが終わる五十代半ばから六十代くらい、男性については仕事が定年退職で終わる六十代半ば頃からが多いように見える。今まで一生懸命に子育てや仕事をしていたときは、宗教に関心もなく見向きもしなかったのに、それが終わると急に空中に放り出されたような気持ちになり、人生の意義を問い始める。そんなときに「人はなんのために生きているのか考えたことはありますか？」という勧誘やチラシに、ちょっと聞いてみようかという気持ちが生じてしまう。

一生懸命に生き抜いてきた人が、自分の人生は子供を育てるための人生だったのかとか、仕事をするためだけに生きてきたのだろうかとか、そういった虚しさを人生の節目で感じるのは当たり前のことである。そんなときに人は旅行をしたりボランティアに打ち込んだり、趣味のサークルに入ったりして、何か別の「生きがい」を見つけることでその穴を埋めようとする。しかし健康不安、親や友人の死といった出来事が重なり始めるのもこの年代であり、「生きがい」によっては埋められない、「死」へ向かう不安と空虚が生じてくる。そんなときに勧誘を受けると、人は驚くほど自然に入信してしまったりするのだ。

熟年層は人生の様々な経験も積み、それなりに分別があると思われている年代でもあり、第三者がその信仰に介入することはかなり難しい。相談が来るのは信者の配偶者や子供たちからが多いのだが、若者と違って学業を放棄したり出家したりということもなく、週に数回くらいの活動で普通に社会生活を送るので問題性も見出しにくい。さらに教団側も安定した信者として長く教団を支えてほしいので、活動や献金で無理をさせて、部外者の介入を招くようなことはしないケースも多いのだ。

その上宗教活動が生活の中に入ることで、健康で活き活きとすることも少なくなく、相談者らも積極的にやめさせる理由が見出せないという悩みを持ったりする。入信者本人も特に男性の場合はプライドが高く、周囲の忠告に全く耳を貸さないこともある。

ただ、活動が行きすぎると、退職金がほとんどなくなっていたり、活動の激しさと疲れから事故を起こしたり、夫婦どちらかの入信の場合は離婚に至るケースも見られる。さらにこれらの熟年層が底支えすることで、教団は若者の勧誘をするための経済力を維持することができるので、頭の痛い問題であることに変わりはない。

さて、入信する人に傾向はあるのだろうか。カルトに勧誘されるのは、人生に何らかの矛盾や虚しさを感じているときだと書いたが、私が親鸞会で勧誘していたときに先輩は、入信する人は心の中に教えを求める「核」のようなものがあり、それをつかんで本人の目の前に引きずり出すのが勧誘ということだと言っていた。私にはそれがあったのだろう。たくさんの人を勧誘してきたのだが、こんな人がどうして、というケースもあれば、いかにも入らなさそうな人が入ることもあった。でも入った人は今振り返れば、やはり何らかの「核」を心の中に持っていたのだと思う。

小説家の村上春樹は、オウムに入っていった人は小説を熱心に読んだ経験がなく、それで現実とフィクションの区別がつかなかったのではないかと語っている。

オウム真理教に帰依した何人かの人々にインタビューしたとき、僕は彼ら全員にひとつ共通の質問をした。「あなたは思春期に小説を熱心に読みましたか?」。答えはだいたい決まっていた。ノーだ。彼らのほとんどは小説に対して興味を持たなかったし、違和感さえ抱いているようだった。人によっては哲学や宗教に深い興味を持っており、そのような種類の本を熱心に読んでいた。アニメーションにのめり込んでいるものも多かった。言い換えれば、彼らの心は主に形而上的思考と視覚的虚構とのあいだを行ったり来たりしていたということになるかもしれない(形而上的思考の視覚的虚構化、あるいはその逆)。

彼らは物語というものの成り立ちを十分に理解していなかったかもしれない。ご存じのように、いくつもの異なった物語を通過してきた人間には、フィクションと実際の現実のあいだに引かれている一線を、自然に見つけだすことができる。その上で「これは良い物語だ」「これはあまり良くない物語だ」と判断することができる。しかしオウム真理教に惹かれた人々には、その大事な一線をうまくあぶりだすことができなかったようだ。

（村上春樹「東京の地下のブラック・マジック」『村上春樹 雑文集』新潮文庫）

これは、私の実感と違う。私の場合はオウムの信者に接したことはほとんどなく、その後継団体のアレフの信者・元信者と、私がいた教団である親鸞会の話が中心になるが、彼らは小説を読まなかったどころか、平均的な人たちよりもずっと読んでいたと感じる。

アレフの場合は教団に入ると小説は読まなくなるのだが、親鸞会の場合は学生の拠点の本棚にはたくさんの小説があり、私自身先輩からよい小説を紹介されてむさぼるように読んだ。そもそもオウムに入った人は、アニメやSFが好きな人が多かったと報道されていたが、そこからフィクションと現実との区別がつかなくなってしまったのではないか、という考察は、村上に限らず多くの識者によって語られてきた。しかしアニメや哲学や宗教はダメで「ちゃんとした物語」ならいいと考えているのだろうか。アレフの信者で村上春樹の作品が好きだった人だって、何人か思い出すことができるのに。

村上に限らず、カルトに入る人は人生の何らかの大事な経験が欠如しているのではないか、という見方をする人は多い。これ以外にも家族関係に軋轢があった人が入る傾向があるのではないかとか、あるいは過去に反抗期がなかったのではないかという見方もある。しかし様々な人に接すれば接するほど、そんなことは関係ないのではないかと思う。

信者一人ひとりを見れば「普通の人」との違いはどこかにあるだろうが、そもそも百パーセント普通の人間などこの世界には存在しない。私自身は十数年この問題に取り組んできて、入信者とそうでない人の間に明確な違いを見つけることはできなかった。かつてはカルトに入る人は国立大学の理系の男性が多いと言われ、その傾向を生む理由が様々に論じられたが、最近来る相談は私大の文系の女性が大半である。あれは単に国立大学の理系の男性がたまたま多い時期があって、彼らが勧誘するから同じような人がたくさん入った、というだけだったのだろう。

私が感じた入信者の傾向というのはただ一つで、彼らは人間の根源的な救済や教えを求める「核」を持っているというだけだ。そういう人が自ら求めて入っていくというのもあるし、カルトが勧誘の中で選んで、「目覚めさせる」こともあるだろうと思っている。それは表面に出ている場合もあるし、本人すらも気づかないような、内心の深いところに隠されていることもあるだろう。

カルトに限らず宗教というのは、フィクションと現実の区別ではなく、そういう「核」をあぶり出すのだと思う。一度あぶり出されてしまうとそれを無視して生きることができない。

教団がインチキであったとしても、そこで気づかされた人生の根本問題は本物であったりする。だからこそ、教団をやめて脱会者となっても、少なくない人が求道を続けるのだ。私はそういう人たちをたくさん見てきた。

2 宗教にニセモノと本物の違いはあるのか

当然のことだが、同じ教団でも信者の立場によって見えている姿がまるで違う。例えば私が所属していた浄土真宗親鸞会は、活動の中心を担う立場であった私から見るとカルト的な要素は濃厚だが、大半の信者にとってはそうではない。

私は主に東北や滋賀などの地方で活動をしたが、そこに集う年配の信者は宗教であることも隠されていないし、一部の幹部を除けば高額な献金も要求されていないし、私のように「高森会長への絶対無条件服従」も要求されていなかった。月に数千円から一万円の会費を納め、毎月の法座に参詣し千円くらいの法礼を納め、年に数回富山の本部に参詣するくらいの人が一番多かった。これらの人たちが見ていた親鸞会の姿は、当然カルトではありえないだろう。そうした人に杓子定規に「あなたの行っている教団はこんなにひどいところなんだ」と言ったところで、「私はもう何年も通っているけど、そんなこと一度もなかった」と反発され、信頼を失い心が離れていくだけであるし、実際にそうした現場も数多く見てきた。

カルトの「ゆでたまご」構造

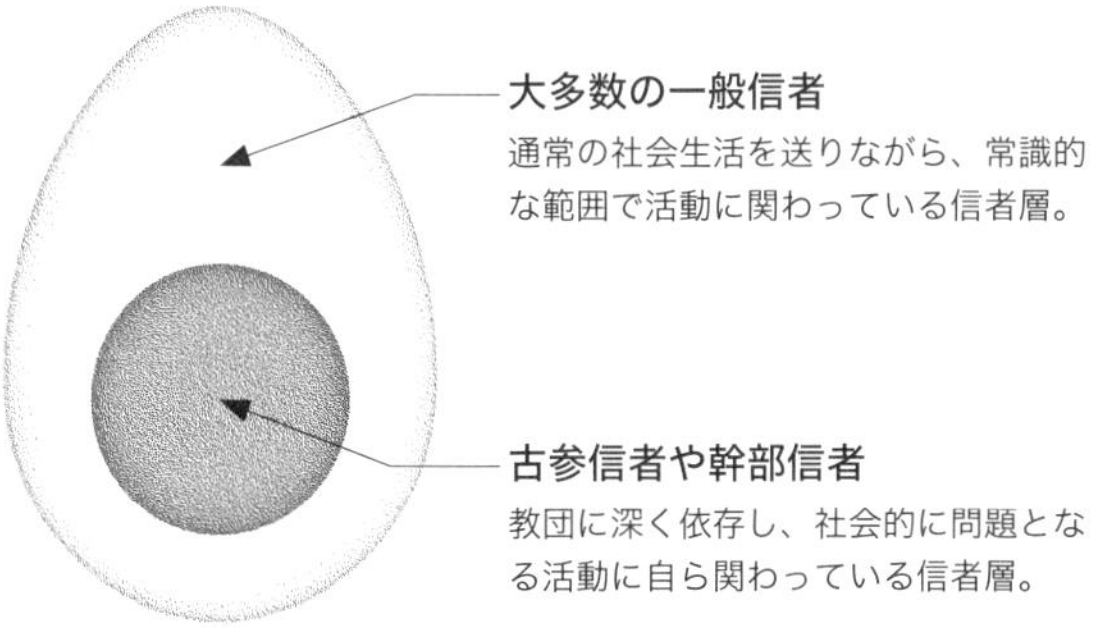
大多数の一般信者
通常の社会生活を送りながら、常識的な範囲で活動に関わっている信者層。
古参信者や幹部信者
教団に深く依存し、社会的に問題となる活動に自ら関わっている信者層。

カルトの代表格と言えるオウム真理教にしても、大半の信者にとっては松本サリン事件も地下鉄サリン事件も関わりはなかった。もちろんそうした人たちの活動に、全く問題がなかったとは言えないだろうが、「カルトのカルトたる所以」とされる姿を共有しているのは、教団の全体ではなく一部であることは間違いない。私はこれを「ゆでたまご構造」と言っている。古参信者や幹部信者（中心の黄身の部分）において、かなり問題のある活動をしている教団でも、さして社会的に問題性のない活動をしている多数の一般の信者（周囲の白身の部分）によって、実質は支えられているという構造のことである。

つまりは「教団そのものがカルト」と言えるような教団はごく限られており、多くは「その教団の中で、カルト的な隷属や搾取を強いられている一定数の信者が存在している」という事実がカルトだと言える。そうなると実は伝統宗教の一部にもこうした現象は見られる。

カルトの問題は新宗教に生ずる問題だと思っている人は多い。しかし実際には伝統的なキリスト教会でも、聖職者が児童に対して性的虐待をしたり、権威主義的なリーダーによる教会のカルト化という事態が起きている。伝統的な仏教寺院でも相談者を脅して、除霊やお祓いに法外な布施を要求したり、霊感商法的な搾取をする事例も生じている。伝統宗教は新宗教と比較すると歴史の厚みがあるために、宗教的な権威性を背景にした搾取は、かえって新宗教よりもやりやすいかもしれない。

もちろん、一部の教会や寺院がこうした問題を起こしたからといって、その教団自体がカルトであるということにはならないが、伝統宗教だからといってこうした問題と全く無縁ではないし、人間の集団である限りは、何らかの権威性を持って人を支配したいという願望から、完全には逃れられないのだろう。

伝統教団もカルトと無縁ではないとなると、果たしてニセモノと本物の宗教の境界線をどこに引いたらいいのかがわからなくなる。たいていの人は本物の宗教はカルト化しないし、カルト化する宗教はニセモノだと思っているからだ。

カルト問題の講演の依頼でも「ニセモノの宗教と、本物の宗教の違いを教えてほしい」という希望がよくある。特に私は今浄土真宗の僧侶なので、浄土真宗＝本物、オウム＝ニセモノという視点から語ることが求められたりもする。伝統教団の僧侶にとっては、あんなインチキ教団を同じ「宗教」あるいは「仏教」というくくりで語られることが、我慢ならないのだろう。

私は親鸞会の脱会者という視点、カルトの脱会支援をしてきたカウンセラーという視点、また真宗大谷派末寺の住職という視点、この三方向の視点から、ニセモノの宗教と本物の宗教の分水嶺がどこにあるのかをずっと考え続けてきた。もっと具体的に言えば、私が今いる伝統的な浄土真宗教団と、オウムのようなカルト教団との明確な違いはどこにあるのかを探り続けてきた。

無論この二つは比べ物にならないほど違う。浄土真宗は八百年の歴史を持つ宗教で、日本の習俗に溶け込んでおり反社会性もほとんどない。オウムは誕生からわずかな期間で暴走し始め、数々の犯罪を犯して多くの人の人生を破壊して自滅した。しかしこの比べ物にならないほど異なった経緯をたどった教団の違いを、明確に指し示すことは実はそう簡単ではない。

私は僧侶向けの研修会で参加者に、「オウムは仏教だと思いますか？」という問いを設定して、ディスカッションしてもらうことがある。

「皆さんにお聞きしたいのですが、オウムは仏教だと思いますか。思う人は手を挙げてください。次にそうは思わない人は手を挙げてください」

ほとんどの人が「思わない」に手を挙げる。そこでディスカッションが始まる。

「オウムは仏教とは思わない、に手を挙げた人にお聞きします。オウムは仏教ではないというなら、そう判断させるそれなりの理由があるはずです。それを教えていただけませんか？」

「オウムは人殺しをした。人殺しをするような宗教を仏教徒とは言えないと思う」

「でも私たちの浄土真宗でも過去に人殺しをしている。一向一揆では南無阿弥陀仏を旗印にして殺し合いをしたし、国家の戦争にも協力した。人殺しをしないのが仏教なら、私たちは仏教ではないということにはならないか」

「私たちは真実を守るためにやむを得ない事情で一揆を起こしたのであって、オウムとは違う」

「それを言うなら、オウムでも末端の実行犯は、人を救いたいとか真実を守るためだと信じてやったのではないか」

「オウムはシヴァ神というヒンドゥー教の神を本尊としていたし、教祖の麻原の写真を拝んでいた。そんなものは仏教ではないと思う」

「日本仏教でもシヴァ神を大黒天として祀っているところはたくさんあるではないか。柴又の帝釈天なんて寅さんでも有名だが、あれはインドラというヒンドゥーの神だ。それから、私たちだって宗祖である親鸞聖人の木像を拝んでいる」

「イニシエーションと称して教祖麻原の精液や血、風呂の残り湯を飲むような教団は仏教ではない。気持ちが悪い」

「かつて浄土真宗教団においても法主の残り湯を信徒は喜んで飲んでいた。そんな昔の話ではない。先々代くらいの時代には普通だった」

「ノストラダムスの大予言を持ち出して終末思想を語るようなやり方は、仏教とは言えないのではないか」

「流石にノストラダムスはないが、終末思想は大集経の末法思想にあって、日本の浄土仏教にもその思想はかなり色濃く入っている」


そもそもこのディスカッションは、「仏教」の定義を明確にしていないままに行われているという点で問題もあるのだが、参加者はオウムという宗教と、私たちが「まとも」と思っている宗教の間には、思っているほど明確でゆるぎない境界は、実はないのではないかとゆらぎ始める。ただ、こうした議論は現実の宗教の担い手である僧侶を対象にして初めてできることで、やり方を間違えるとオウムがしてきたことの一般化や正当化につながるという危険もあり、誰にでもできるということではないだろう。

アレフの信者の脱会支援をしているという経緯もあり、私の手元には多数のオウム・アレフ関係の資料やテキストがあり、過去には教義調査の依頼もあってかなり読み込んだし、麻原彰晃こと松本智津夫の説教CDもずいぶんと聞いた。その中には長年宗教をやってきた自分にとっても、ハッとするような気づきもあり、またテキストはよく練られていて、仏教のエッセンスが取り込まれているようにも思えた。カルトの教義に全くのオリジナルは少ない。多くの場合は既存の宗教にその原型があるのであって、そこに仏教のエッセンスを感じるのは当たり前かもしれない。もっとも知人のチベット仏教の専門家によれば相当おかしい教義だそうなのだが、そもそも宗派によって教義が異なるのは当然のことでもあり、正統派のチベット仏教とは違うからと言って、彼らの教えのすべてを虚構と言うこともできないだろう。

広瀬健一元死刑囚の手記が『悔悟――オウム真理教元信徒 広瀬健一の手記』として出版されたが、その中で広瀬はオウムに類似した宗教経験や、その教義である「カルマの法則」に似通った考えが、既存の宗教や一般社会の中にも広く存在していることを指摘している。私も同感で、オウムの教義体系が既存の宗教のそれと比較して、特別に逸脱しているかと言われたらそうでもないと思う。麻原が「現代人は悪業を積んでいるからポアして救済する」という「ヴァジラヤーナの教義」を説く際に語ったという、「三百人の貿易商を殺して財産を奪おうとした悪党を、釈迦牟尼の前生がポアした」という話ですらも、根拠とみられる経典が実際に存在することを、南山大学の渡邉学教授がＮＨＫの取材に対して語っている（ＮＨＫスペシャル取材班『未解決事件オウム真理教秘録』）。

ここで私は、オウムも正しかったのだと言っているのでは決してない。宗教というのは、このようにして狂う要素を、そのどこかに持っているのだということだ。そして、既存の宗教においても、救済の名のもとに人を殺したり、特定のグルに依存したり、神秘体験を救済の証だとして絶対視したりということは、その歴史の中で幾度となく経験していることだ。現代の名のある伝統教団でも、修行僧へのいじめや、教団職員に低賃金で過度な労働を要求することを、信仰の論理で正当化することをやっている。これは「サリンガスでの大量殺人」を教祖麻原への帰依の踏み絵としたオウムの論理と、程度にして大きな差はあっても地続きの問題である。

オウムの事件で明らかになることは、カルトの問題とは、常軌を逸した教祖が信者を洗脳して、集団で暴走するような単純な出来事ではないということだ。私は、人間にはこうしたことに身を委ねる、潜在的な願望があるのではないかと思う。それは何が真実かわからない世界に理由もなく生まれ、死に向かって生き続ける中で、かりそめの生きがいや幸福に身を委ねるのではなく、はっきりとした真実を知り、その真実に生き抜きたいという願望だ。それが特定の人たちに利用されたり、あるいはそれ自体が純化して暴走を始めることが、カルトの問題の根底にあると思うのだ。それが、ときにそのために人を殺し、社会秩序を破壊することも厭わないという考えにつながっていく。人をして社会秩序を乗り越えさせるのは「真実への願望」ではないか。

そんなことあるものかと思っている人は考えてほしい。映画などで、崇高な使命のために無為の人を殺して突き進む主人公に、感情移入して喝采した経験はないだろうか。ナチスが自らの人種的優位性を信じ、ユダヤ人をゲットーに集めて労働力を搾取し、最終解決として皆殺しにしようとしたときに、数十万の勤勉なドイツ人はその理念に従い黙々と「任務」を遂行した。私たちもわずか七十年前には、アジアの秩序のためには殺人も許容されるという考えを、多くの国民が共有していたのではなかったか。

3 なぜ「正しさ」に依存するのか

それとの関連で驚いたのだが、広瀬は、「ポア」（オウムでは人が悪業を積んで地獄に堕ちる前に、殺して転生させることを意味した。オウムの犯した数々の殺人を、正当化する教理とされる）するという行為そのものが、「悪業」だと教えられていたと語っているのだ。

ただし、私は決して軽い気持ちで事件に関与したわけではありませんでした。救済とはいえ、「ポア」の行為そのものは、通常の殺人と同様に、悪業になるとされていたからです。それまではカルマの浄化に努めてきたのですが、救済のためにカルマを増大させる行為をすることが「ヴァジラヤーナの救済」と意味付けられていたのです。（同書）

同じ元死刑囚の新実智光は広瀬と異なり最後まで遺族に謝罪をせず、自らの行為が救済であることを主張し続けたが、その中で「捨て石でも、捨て駒でも、地獄へ至ろうと決意したのです」（降幡賢一『オウム法廷〈12〉』）と語っているところがある。他にも新実は、自分が地獄に堕ちる覚悟で救済をしたという発言を幾度かしているが、私はここに違和感を感じていた。

それは、悪業を犯す前に人間を「ポア」するという行為は、社会的には悪だが、オウムでは善行であり修行が進むと教えられたからこそ、彼らはできたのではないかと思っていたからだ。なので新実の言う「地獄へ至ろう」という言葉の意味は宗教的なものではなく、法律に従って刑を受ける、という程度の意味での「地獄」だろうと私は思っていた。

ところがそうではなかった。たとえ救済が目的であっても、殺人はオウムでもやはり「悪業」であった。そんなの当たり前だと思うだろうか。私は切なくて仕方がなかった。彼らはやはり本気だったのだと。自分が救われたいから人を殺すというのではなく、たとえ自分が救われないとしても、人を救おうとしたんだと。

私は今まで何人ものアレフの脱会者や現役信者と面談してきた。それらの人たちの入信の動機は、「誰かを救いたい」というものが多かった。人の役に立ち、救っていけるような人間になりたいと思って大学に進学し、救いたくても救えないという自分に悩んで、そこからアレフに入った学生がいたことを思い出した。彼女は笑顔で私に言った。「私はやっと本当に人を救うことができる教えに出遇ったんです」と。

地下鉄サリン事件の実行犯である林郁夫は、もともと慶應義塾大学医学部出身の医師だったが、林のオウム入信の動機もまた、医学では人を根本的に救い切ることはできない、と気づいたことだった。中川智正元死刑囚も障害者施設でボランティアをしていて、人の嫌がる仕事を率先して行う青年だったと言われている。

こうしたことを知るたびに、私自身がほんの少し早く生まれていたら、きっとオウムに入っていただろうという思いを強くする。私も彼らと同じであった。私は人間の存在の無意味さから救われたかったのだ。救われたかったから人を救いたかった。人を救うことで自らの存在に意味が与えられるからだ。だが本当の意味で人を救い切ることができないと気づいたときに、オウムに入信した彼ら自身もまた、存在の無意味さから救われないという思いを持ったのではなかったか。

カルトと言ってもいろいろあり、霊感商法で高額な開運グッズを売りつけるような、最初からただの詐欺以外の何物でもないようなものもある。しかしアレフをはじめとする、私が接してきた教団の元信者から感じるのは、たとえ教団や教祖がインチキであっても、それを求めた人の思いは本物だったのだろうということだ。それだけでなく、あらゆる歴史上の宗教者が真実を求めて求道した思いと、彼らの思いはそう変わらないのではないかとすら思った。

とある総合大学の新入生オリエンテーションで、カルト問題の講義をしていたときがある。大きな大学で数百人が入れるような教室をいくつも回って話をするのだが、そのとき薬物依存症者を支援している先生とたまたま一緒になった。お互いに二十五分くらいの持ち時間で、カルトと薬物依存の話を何度もしたあと、午前中の講義が終わって昼食の弁当を食べているときに、その先生が私にふとこんなことをもらされたのを覚えている。

「瓜生先生は、カルトの信者は真面目さゆえに正しさを求めて生きていて、正しさを提供してくれるカルトに依存するという話をされていましたよね」

「はい」

「わたしは、その気持ちがよくわかるんです。私も正しさを求めていたので」

「そうなんですか？」

「そうです。私はもともと新聞社で記者をしていたんです。しかし記者をするとわかるんですけど、世の中のことって一体どうするのが本当に正しいことなのかが、突きつめると一つもわからないんですよね」

「確かにそうですね」

「はい。それで私も、自分が間違いない正しい生き様をしたいという思いがありまして、薬物に依存している方は絶対的な弱者であるから、その人たちを助ける活動をするのは絶対的に正しいことではないかと思って、この活動をすることになったんです」


なので、正しさを求めてカルトに入る人のことは、よくわかるんだと言われるのである。

私たちは、正しさをつかみたい。なぜなら、考えれば考えるほど人生で何が正しいのかがわからなくなるからだ。人生は決断と後悔の連続だが、何が後悔のない選択であるのかは誰一人わからない。別の道を歩んでいればと思うこともあるが、別の道を歩んだ結果を知ることもまたできない。真っ暗な道を手探りで歩いているようなものだ。

そんなときに「正しさ」をつかみたい誘惑に私たちはとらわれる。明確で白黒ハッキリした説明に惹かれる。しかし人生で起こることはだいたい複雑に絡み合っていて、こうすれば必ずこうなる、という解決策が存在することは稀である。その時々で必死に考えて試行錯誤しつつ、三歩進んで二歩戻るような歩みでしか現実は生きられない。しかし、複雑なものを複雑なままに受け入れることほど苦しいことはない。真面目な人ほど一度しかない人生に間違いのない真理や正義を見つけて、全力でそれに向かって進みたいという衝動を抑えることができない。

カルトは多くの場合、あなたが生きているのはこのためだ、という明確な答えを与える。あなたの人生はこういう意味があるのだ、あなたの今まで生きてきたのはこの教えに遇うためだったのだ、そして、今後はここに向かって歩んだらいいのだ、と。こうした疑問に答えを与えることで、その疑問に向き合う苦しみや迷いを消し去ってくれる。「もう迷わなくていい」のだ。これを私は「真理への依存」とか「正しさへの依存」と名付けている。

しかし見かけ上消し去っているだけであって、解決しているわけではない。「カルトの提供する答え」という目隠しをさせられているだけである。なので脱会して信者が元信者となり、いわば目隠しを外されたときに、何一つ問題が解決してないことに気づいて、深刻な空虚感や虚脱感に苦しむケースは多い。

4 なぜ「正しさ」は暴走するのか

思えば人生は迷いと選択の連続で、今まで様々なことに迷い、そのたびにその自分の決断を喜んだり、悔やんだり、苦しんだりしてきた。決断はそれが重いものであればあるほど苦しいものである。そして、自分の決断はすべて自分の人生の中で責任を取らなければならず、代わってくれる人はいない。

ところがカルトに与えられた答えによって「正しさに依存」すると、この決断の責任を自分で取らなくてもよくなるのだ。つまりは重要な選択はその教団の教えや指導者の指示に従えばいい。そうすることによって、仮に自分にとって不都合な結果が生じてもかまわない。教義や指導者に従った上での結果は、それが一時的に自分や自分の周囲に耐え難い苦痛や不安を与えることになっても、結果としてそれが、自分の霊的な成長に必要な試練なのだとか、あるいは今は苦しいがもっと大きな幸福へ向かう過渡期にあるのだと説明されたら、それを信ずればよいことになる。

それが明らかに非合理な指示であったとしても、自分にはわからない深遠な願いがそこにあるのだと思えばいいのだ。オウム真理教でもマハームドラーという論理が使われた。これはグルである麻原が俗物のふりをして不条理な指示を出し、弟子が本当に帰依できているかを試すというもので、地下鉄にサリンを撒けという、正気ならとうてい受け入れられない指示であっても「これはマハームドラーだ」と自らに言いきかせて、実行犯はその指示に従った。それによって自分にどんな結果が返ってこようとも、自分の判断を超えた「尊師の判断」によって、それに宗教的な意味づけがされるのである。そうやって「迷って生きていく自由」を放棄することで、人間は実に心地よく楽に生きることができるのだ。

こうした経験は私にもある。私は親鸞会に属することで「人間は最後に死ななければならないのに、なぜ今を一生懸命に生きるのか」という、長年自分を苦しめてきた問いから解放されていた。なぜなら親鸞会では「絶対の幸福」になることがその答えであり、それが死を超えた人生の目的だと教えられていたからである。答えを与えられるということは、問いを放棄させられるということだ。人生の根源的な意味を求める宗教心は、教団から与えられた「正しさ」によって殺されてしまう。だから親鸞会にいる間はそこに迷いはなく、とても充実していたし、何よりどんな行動にも完全な意味が与えられていた。人生の無意味さに対する不安から解放されるのである。

問いを放棄させられ、「正しさ」によって宗教心が殺される、というのは、私の経験で言うと「会長先生の御心」という言葉でだいたい説明できる。私は当初、「どうしたら自分が本当に救われるか」という思いを持って教団で求道したが、途中でそれが「どうしたら会長先生の御心に叶うことができるか」にすり替わっていることに気づいた。それは救済の道程であり手段のはずだったのだが、教団の中でそれを言われ続けているうちに、いつの間にか教団や会長に服従することが自己目的化してしまうのである。

なので幹部会員は高森会長に対する忠誠心を競い、「どれだけ会長先生の御心に忠実に従っているか」がすべての行動基準であった。第一章でも触れたが、親鸞聖人のアニメビデオを販売する活動が他のすべてに優先され、厳しい販売目標に現場が疲弊して通常の布教や育成が停滞しても、誰もこの活動が本当に意味があるのかを問うことはなかった。なぜならアニメを頒布して布教することが目的ではなく、「会長先生の御心」に沿うことが目的だからである。だから高森会長が臨席の祝賀会や新年会では、毎回華々しいアニメ頒布の成果と感謝の言葉だけが発表された。不思議なことだが、「会長先生の法話」で「人間は最後に死ぬのにどうして生きるのか」という根源的な問いに目覚めた人たちが、「会長先生の御心」に忠実に従っている限り、その問いに悩むことはなくなる。

指導者の「正しさ」に依存する教団は、ピンと張り詰めた糸のようなもので、指導者がブレればすべてブレるし、指導者が静止していれば微動だにしない。これは言うまでもなくカルト的な傾向を持つ教団において顕著な傾向であるが、指導者の言葉から離れて救済の内容を問い直す行為は、長い歴史と多くの先達による学究の蓄積があって初めて可能になるのである。よって歴史が浅く教義研究の蓄積を持たない教団は、カルト的か否かにかかわらず、指導者の言葉に依存する他に術がないのかもしれない。これは信者にとっては楽なことだ。私にとって本当の救いとは何かという問いはすでに必要ない。ただ「○○先生はこうおっしゃった」と繰り返していればいいのだから。

しかし実のところ私は、こうした絶対的信順による問いや迷いからの解放を、理性の光の届かない深いところで求めていたのかもしれない。小説や映画などでも一人の人間に徹底的に仕え、従っていく姿が美しく描かれるときがある。私が思い出すのは乃木希典の生涯である。近代日本の黎明期においてひたすら明治天皇に忠誠を誓い、明治天皇の崩御とともに自害して果てた乃木の生涯を、現代においても美しいと感じる人はそれなりにいる。人生を捧げて悔いはないという人物との出遇いを、潜在的に求めている人は少なくないのではなかろうか。この人、この教え、この教団になら生涯を捧げても悔いはないと、親鸞会にいたときの私はそう思っていたし、今思うとその生き様に酔っていたと思う。

浄土真宗には「腹籠の聖教」という話がある。本願寺八代目蓮如の時代、北陸伝道の拠点であった吉崎御坊（現福井県あわら市）が失火によって焼失する（一四七四年）出来事があった。

そのときに蓮如は親鸞の著作である『教行信証』証の巻を持ち出せなかったことに気づくが、それを知った弟子の本向坊了顕は、猛火に包まれる吉崎御坊の中に飛び込んだ。蓮如の居室にたどり着いた了顕は、焼けずに残っていた「証の巻」を見つけるが、すでに周囲は火に包まれており脱出できない。それを知った了顕は自らの腹を持参の短刀で十字に切り裂いて、「証の巻」を腹の中にねじ込んで命果てた。自らの身体をもって聖教を炎から守ったのだ。現在真宗大谷派の日常の勤行本は赤色の表紙なのだが、これは了顕が腹に聖教を入れて守ったことから、「血染めの赤」が由来だという説もある。

この物語は伝統的に人気の高い説教の題材であり、浄土真宗の歴史の中で長い間語られ続けた。私も幾度かこの説教を聞いたことがあるが、了顕が命をかけても守り伝えるものに出遇ったことから、浄土真宗の教えがいかに優れたものか、という説き方をされることが多かったように思う。こうした話は現代では狂信的であると捉える人も多いだろうが、宗教というのはおおよそこうした逸話には事欠かず、それなりの歴史を持つ教えなら、どこもこうした信順と殉教の物語をいくつかは持っているのである。

そして絶対的信順に生きるとき、それはどこまでも充実していて、迷いがないために楽で、自分の人生に一本の強い筋が通る。「ブレない生き方」や「まっすぐな性格」に憧れるのもそうだ。しかし人間は「正しさ」を得てブレなくなってしまったときに、最も手に負えなくなる。それはナチスをはじめ、毛沢東やポルポトもそうであろうし、日本なら戦時中の帝国陸海軍や連合赤軍もそうだろう。

一九七八年に南米ガイアナで集団自殺事件があった。この事件を起こした教団の名は「人民寺院」。設立者であるメソジスト教会の学生牧師ジム・ジョーンズは、アメリカ・インディアナポリスという保守的な土地であらゆる罵倒と嫌がらせを受けながら、人種差別からの解放を説いていた人物である。彼が既存の教会から袂を分かつことになったきっかけは、教会に黒人の信者を受け入れようとしたときに、長老や古参の信者たちから激しい抵抗を受けたことだった（キルダフ他『自殺信仰』）。彼は自らの理想を実現する教団として一九五五年に「人民寺院」を立ち上げ、貧民や弱者の支援、人種差別の撤廃を訴えたが、社会やメディアとの様々な軋轢の末にガイアナに教団の本拠地を移し、そこをジョーンズタウンと名付けた。

そこでジョーンズは隔絶された環境の中で、多くの信者と集団生活を始めたが、やがて集団は外部から攻撃を受けていると盲信し、信者への虐待や脱会者への罵りが始まり、自殺訓練がなされるようになる。この人権蹂躙の調査を行うために派遣された下院議員は教団によって殺害され、それをきっかけにジョーンズタウンの信者たちは、シアン化合物を混ぜたジュースを飲んで集団自決する。その数九〇九人であった。

どうしてこんなことができたのか。それは、「正しかったから」である。自分たちが絶対的に正しいと思っているから、従わないものを迷わず虐待したり排除したりできるのだ。そして少なくとも最初期の人種差別からの解放といった教団の思想は、現代の私たちの価値観から見ても十分に「正しい」と言えるものだった。

カルトという問題を考えるときに最も大事なのは、自分が「正しい」と思った道を貫き通すことではなく、立ち止まって考え、しっかりとブレることのできる勇気を持つということである。

そもそも宗教は、その正邪を判断する基準を宗教そのものの外に持つことができないために、正しさを疑うことが容易ではないのだ。いささか極端な話になるが、麻原彰晃が最終解脱を果たして覚者になったという話を、客観的かつ完全に否定することは不可能である。ほとんどの人がごく正常な感覚としてそれはウソだと言うだろうが、それは私たちの経験や感覚からくる嘘くささ、そして彼らがその後に起こした事件の反社会性から、そう予想して暫定的な判断を下しているに過ぎない。しかし宗教とは、そもそも人間の正邪の感覚や社会性の基準に縛られないからこそ、「宗教」なのであり、そうでなければ倫理や道徳と大差はない。宗教が倫理や道徳の範疇に入るようなものならば、あれほどの犯罪を犯した麻原という人間を、いまだに尊師と仰ぐ人が多数存在することの説明がつかないではないか。

5

きれいな心のままでも人は殺せる

東京工業大学の中島岳志教授は戦時中の真宗大谷派の戦争協力が、教義理解と反することを承知で、時代の要求に屈して「仕方なく」なされたのではなく、むしろ親鸞の教えから戦争協力の論理を積極的に見出し、一種の宗教運動としてなされたことを明らかにしている（『親鸞と日本主義』）。現在の大谷派は平和こそ念仏者の生き方だと信じているが、昭和二十年の敗戦までは戦争協力こそ念仏者の生き方だと信じ、それに反対するものを批判し告発し続けた。

坂本弁護士一家殺害事件をはじめ、オウムの多くの犯罪に関わった新実智光は、逮捕後「一殺多生、最大多数の幸福のためのやむを得ない犠牲者である」とその行為の正当性を主張し続けた。この「一殺多生」という言葉、つまり一人の人が殺されることで多くの人が救われるのなら、その殺人は肯定されるという論理を表した言葉だが、戦前の日本の伝統仏教教団が戦争協力を推進するために使っていた言葉も、この「一殺多生」であった。

「一殺多生ハ仏ノ遮スル所ニ非スシテ愛国ノ公義公徳ナリ」と。そして「身ヲ殺シテ仁ヲナスハ教化ノ功績」と言っています。つまり、一殺多生は仏さまが禁止することではなくて、愛国のための正義であり、徳である。自分が犠牲となっても公義公徳を実践することは、布教による功績となる。と、「一殺多生」の布教が重要であることを訴えているのです。

（大東仁『戦争は罪悪である――反戦僧侶・竹中彰元の叛骨』）

これらのことで明らかになるのは、反社会的なことをしたから偽の宗教だとも言えなければ、正しい宗教を信じていれば反社会的なことをしないというわけでもない。そもそも何が社会性なのかという基準も時代によって全く異なり、戦時中には国家と戦争に協力することが宗教の社会性そのものであった。

むしろ「宗教として何が正しく、何が間違っているのか」という判断基準に普遍的な真理は存在しない。ごく普通に善良な市民として生活しているつもりの私が、近代のアメリカ南部に生を受ければ、敬虔なキリスト教徒のままで黒人を差別していただろうし、戦時中に生まれれば、仏教徒のままで大日本帝国の侵略と勝利に酔い、連合赤軍の中にいれば人民の幸福を願って仲間をリンチして殺し、イスラム過激派の中にいれば宗教的救済を求めてテロで無垢な市民を殺し、オウムの中にいれば「人のために尽くしなさい」と麻原に教えられて、サリンを撒くかもしれないということだ。一番恐ろしいのはここではないか。

　オウムが地下鉄サリン事件を起こしたとき、少なくない仏教者が「あれは仏教ではない、本来仏教は人殺しの宗教ではない」と言った。イスラム原理主義がテロを起こしたときも、少なくない専門家が「イスラム教は本来平和を愛する宗教であり、彼らのようなものとは違う」と言った。しかし「自分たちの信じる宗教は本来は『正しい』ものであり、教えのもとに人を殺すような事件が起きるのは、その信仰や解釈が間違っているからである」という教義の無謬性を前提とする思想は、「教えが正しいのだから人を殺してもいい」という信仰と実は表裏一体の関係にある。

　死刑囚となった元オウム信者と面会を重ねてきた、オウム真理教家族の会の永岡弘行会長はこう語る。

　　体の不自由な人の車イスを押していた優しい若者が、三歳にも満たない幼児の首を絞めて殺害してしまう。凶悪な殺人者が犯罪に走ったのではなく、きれいな心を持った若者がいつしか、そのきれいな心のままで殺人を犯していた。これこそが、オウム事件の最も恐ろしい核心だ。一つ間違えば、誰もがそうなり得るということだ。オウム事件とは、麻原という憎しみの権化に操られた、普通の心優しい若者たちが起こした凶悪犯罪だと言える。

「きれいな心のままでも人間は人を殺せる」ということは、誰でも条件さえ揃えばそうなり得るということだ。その意味でオウム事件は、誰にとっても他人ごとではない。

（仏教タイムズ『オウム裁判終結　事件の核心　今後の課題』二〇一八・二・八）

あの事件の気味の悪さ。小さな子供のいる弁護士一家を殺害し、仲間であった信者もリンチして殺し、ボツリヌス菌を培養して散布することを計画し、ＶＸガスとサリンを実際に撒いた彼らを見て、私たちと同じように「正しく生きたい」という意志を持ってやったのだと思うことは、とうてい受け入れ難いだろう。しかし私はこの「きれいな心のままでも人間は人を殺せる」という言葉ほど、オウム事件の本質を捉えたものはないと思う。

クリストファー・ブラウニングは『普通の人びと――ホロコーストと第１０１警察予備大隊』において、その全員がナチス体制以前の時代に教育を受け、ナチスとは異なる政治的基準や道徳的規範を知っていたはずであり、しかも最もナチ化の低いハンブルクの労働者である「普通の人びと」が、いかにしてユダヤ人の虐殺を実行していったかを、精緻に分析している。

最初のユゼフフの虐殺でも部隊を束ねるトラップ少佐が泣きながら任務の内容を説明した上で、参加したくないものは処罰なしで任務から外すと言うが、ここで任務を拒否したものは五百人の隊員のうち「わずか一ダースほど」に過ぎなかった。一九四二年に行われたこの虐殺では、隊員は血まみれになって任務を遂行し、少なくない隊員が心を病んでしまうが、やがて隊員はユダヤ人の移送作業や虐殺に次第に慣れ、手際よく「任務」を遂行するようになる。

六百万人が殺されたという一連のホロコーストにおいて、実務的な手続きや計画に関わったドイツの官僚機構において、ためらうものはわずかであり脱落者もほとんどいなかった。ドイツの一般国民もその状況を知りつつ、その絶滅政策については沈黙していたと言われている。ナチスが行った障害者の安楽死殺人について抗議した住民も、ユダヤ人への処置に対しては沈黙するか無反応だったという（芝健介『ホロコースト　ナチスによるユダヤ人大量殺戮の全貌』）。

ナチズムへの傾斜を強めるドイツを離れ、アメリカに移住したドイツの社会心理学者エーリッヒ・フロムは、一九四一年に出版された『自由からの逃走』にこう書いている。

思考や感情や意志について、本来の行為がにせの行為に代置されることは、遂には本来の自己がにせの自己に代置されるところまで進んでいく。本来の自己とは、精神的な諸活動の創造者である自己である。にせの自己は、実際には他人から期待されている役割を代表し、自己の名のもとにそれをおこなう代理人にすぎない。たしかに、ある人間は多くの役割を果し、主観的には、各々の役割においてかれは「かれ」であると確信することができるであろう。しかしじっさいには、かれはこれらすべての役割において他人から期待されていると思っているところのものであり、(中略)本来の自己はにせの自己によって、完全におさえられている。

私たちは生きる限り迷い続ける存在だが、迷うことの苦しさから、周囲から期待される「正しさ」という「にせの自己」を作り上げるのかもしれない。フロムの言う「本来の自己」とは、迷い続ける自己だと私は考える。そしてニセモノの宗教に対して本当の宗教というものがもしあるとしたら、それはどこかに私が迷う余地を残し、迷う力を与えるもの。つまりは代置された「にせの自己」の中から、「本来の自己」を呼び覚ますものであるべきではないか。

6 「宗教的正義」と「社会的正義」の境界線

私は親鸞会で活動しているときに、その活動は全く自発的な意志と決断によるものだと思っていたし、さらにその立場から、世俗的な常識の中でしか生きられない人たちを一種見下していた。社会の中で自分の役割を演じて生きている人たちを、世間に流されて自分を失っているのだと思っていた。しかしそうではなかった。私たちは自分を演じさせる環境がそれぞれ異なるというだけで、「にせの自己」を「本来の自己」に代えている、という事実そのものには相違はない。私の場合は、それが親鸞会だったのだ。自分の正邪の感覚や価値観、倫理観を、周囲からの期待に合わせて、それが真実のものだと代置させていたに過ぎない。

政権を批判するものも支持するものも、ワクチン接種に賛成するものも反対するものも、隣国をヘイト・スピーチするものも差別に反対するものも、どちらも合理的な理由から自分が判断して決めたがゆえに正しいと主張し、相手は周囲に迎合し流されていると批判する。しかし本当にその信念に外からの期待と影響がないと言えるだろうか。だから強い信念を持つ人ほど同じ信念を共有する仲間を集めて、インターネットで自分の意見と一致する情報を熟読して理論武装をし、その期待と影響を最大限に利用して、さらに自分の信念を強化しようとするではないか。そうして出来上がった「筋の通った自分」「ブレない自分」という自己は迷う余地がなく、力強くまっすぐで、心地がいい。

カルトは閉じた環境で、信者に対してこうした影響力を最大限に利用して、人間の信念を転換させる。そしてそれは――少なくとも末端の信者にとっては――間違いなく「よいこと」であり「人を救う行為」だと、する側もされる側も思っているのだ。

ならば私たちはどうだろうか。自らの自由な判断と意志で生き、カルトの価値観からは離れたところに立っていると信じることはできても、たまたま「社会の常識」という影響と期待の上で作られた「正しさ」の上で、カルトをさばいているだけかもしれない。人を殺してでも多くの人を救えるならそれは必要な救済である、というオウムの考えを間違っていると言うのは簡単だが、「社会の常識」という背景が変われば、いつかはまた私たちもそれを、「正しいもの」とするかもしれない。

二〇一四年に行われた内閣府の死刑制度についての調査では、死刑を「やむを得ない」と答えた割合は八〇・三パーセントであり、廃止すべきであるという九・七パーセントを大きく上回っている。存続の理由は遺族感情や、凶悪犯罪は死をもって償うべきだとするもの、さらに凶悪犯罪の抑止のためといったものが並ぶが、つまりは社会正義のためには、国家が人を殺してもやむを得ないということだろう。

二〇一八年七月、一連のオウム事件において死刑判決を受けた、教祖麻原を含む十三人の死刑が執行されたが、人を救うという「宗教的正義」のために、殺人を容認する教義で未曾有の犯罪を犯し、二十九人の生を奪った教団の幹部の人生は、秩序の維持のためなら国家が殺人することもやむを得ないという、「社会的正義」の上に終わりをとげたのだ。それが一緒だとはもちろん思わないが、その分水嶺は歴史の中で常に揺れ動いてきたのであって、私たちが思うほど堅牢不変なものではないのである。

ただ、こうしてカルトやオウムの問題を相対化して論ずることは、実はカルトの深刻な反社会性への認識を鈍らせる危険性も内包している。例えば事件前に麻原と対談をし、オウムの問題について「新たな宗教には批判がつきもの」「宗教史をみわたせばよくあること」「宗教は本来脱世俗的なもの」という論理で彼らを評価した、山折哲雄氏のような事例もある。こうした既存宗教との類似性のみを積み重ねてオウムを相対化する手法については、塚田穂高らによって、過度の一般化、質的差異を認める眼の排除、現実的に展開される反社会的振る舞いの看過につながるという批判がされている（『〈オウム真理教〉を検証する――そのウチとソトの境界線』第六章・メディア報道への宗教情報リテラシー）。

これは全くそのとおりである。私たちがいつ「彼ら」の側に陥るかもしれない、という視点を持つことの必要性をここまで論じてきたが、だから「彼ら」と「私たち」との境界線がない、というわけではない。

正義をもって正義を裁くことを問い直す行為は、いかなる正しさにも立たないということではない。それは正義とは何かという問いを放棄し、「絶対的な正義は存在しない」という「正義」を新たに作り出しているだけだ。オウムのやったこともナチスのやったことも、人類に対する罪であることに間違いはない。究極的には何が正しいのかはわからないという言説は、正しさを求めて生きる人を高みに立って冷笑する傲慢さと、紙一重のところに存在していることを忘れてはならない。

何が正しいのかという視点を放棄するのではない。安易な「社会正義」に依存せず、何が正しいのかを泥まみれになって、真剣に考えなければならないということだ。つまり正義という剣で境界線を引き彼らを断罪するときには、私たちも実に曖昧な社会の常識や慣習や偏見を、「間違いのない正義」と思い込み、歴史の中でオウムがやってきたようなことを、私たちと同じ市井の人々がし続けてきたという視点も、また失ってはならないのだ。そしてオウムと私の境界線がないということではなく、その境界線の「ゆらぎ」を認識する。そうしたときに見えるのが、生きる限り「正しさ」に迷ってきた私の「我が内なるオウム」なのである。

7　なにが教祖を誕生させるのか

「正しさへの依存」という問題について長く論じてきたが、ここで残る問題は、果たして「普通の善良な人々」の正邪を反転させた指導者は、最初からそれを意図していたのかという点だ。もっと直接的に言うと、教祖は信者を最初から騙すつもりだったのか、ということだ。このことを論ずるのは容易ではない。オウムに惹かれた人の多くは、そこに人間存在の根源の疑問に訴えかける何かを感じたわけだが、他のカルトの中には最初から人の不幸を利用し、その不幸の原因を前世の業や先祖の霊障、狐憑きといった反証不能なものに設定し、高額な祈禱料を請求する古典的な霊感商法や、その派生による被害は今も少なくない。それらの実態を聞くと、最初から騙すつもりで始めたとしか思えないケースもある。

まず「私の入信体験」で語った浄土真宗親鸞会の会長、高森顕徹について少し語りたい。最初に言っておくが、高森会長自体をこうした問題へのアプローチとして例示するには無理があるかもしれない。なぜなら親鸞会はオウム真理教のような明確な犯罪性のある行為はしていないし、積極的に社会秩序を破壊するような教団でもなかった。それどころか、正体を隠した勧誘や、構成員の人格を否定する厳しい指摘会合といった例外を除けば、少なくとも対外的には極力社会秩序に従おうとしていた教団であった。しかしその一方で上位の構成員に対しては高森への絶対無条件服従が求められ、機関紙には常に高森への賛美の声が溢れかえり、親鸞会の建てる建物の多くには高森専用の豪華な設備や部屋が作られた。それが会員にとって「御心に沿う」ことであったのだ。

ただひたすら、善知識（注・高森会長）を弥陀の化身と仰ぎ、善知識のお言葉を弥陀の直説と頂いていく事にのみ、私たちが無碍の大道に雄飛できる道のある事を再自覚し、会長先生の御下にぬかずかねばならない。

（親鸞会機関紙『顕正新聞』昭和四九年一二月号　カッコ内の注は著者による）

親鸞会で私が聞いてきた高森の生い立ちは、一九二九年に富山県氷見市の浄土真宗本願寺派の末寺に生を受け、一九四五年、十六歳のときに海軍予科練に入り特攻隊を志願するが、終戦。その後は龍谷大学専門部に進み、十八歳のときに「信心決定」（揺るぎない救済の体験をすること）したとされていた。

高森は龍谷大学在学中から「死線を越えて」という腕章をし、滋賀や北陸を中心に布教に歩いたが、力強い説教で行くところ行くところで大勢の参詣者で溢れ、当初は歓迎していた寺院も次第にその影響力を恐れるようになり、ついには高森は排斥されるようになる。そうした中高森は一九五二年、彼を中心とした門信徒団体「徹信会」を結成。これが後の親鸞会となる。一九七〇年に高森は本願寺派の僧籍を離脱して完全に袂を分かち、著書やビラなどで本願寺派の批判を繰り返している。私が入った一九九三年には北陸ではそれなりに知られた教団になっており、毎週の高森の法話会には数千人の参詣者が集っていた。

私が脱会後に知りたかったのは、この親鸞会で聞いてきた高森の物語がどこまで事実なのかということであった。そこで富山県や滋賀県など、高森が若い頃に布教に回った寺に行って、高森を説教に迎え入れた僧侶に当時のことを聞いて回った。高森は本願寺派の寺院にとっては目の敵とも言える存在であり、おそらく相当ネガティブな反応が返ってくるだろうと思っていた。

しかし意外なことに、当時のことを知る僧侶は――そのほとんどが八十代以上であるが――概ね好意的であったのだ。中には高森に本願寺派をやめさせたのは完全に失敗であり、あのくらいの跳ねかえりなら、何らかの役職を与えて教団運営に関わらせるべきであったと言う僧侶もいた。高森が訪れたときは、本堂に入りきれないほどの参詣者があったことや、高森が熱心に参詣者と御示談（信仰を語り合うこと）をしていた姿や、声嗄れるほどの熱いっぱいの説法の様子、寺の周囲を回って法座に誘っていた姿を懐かしむ僧侶もいたのだ。

果たしてなぜ高森は新しい教団を立ち上げ、そこで絶対権威者になったのだろうか。龍谷大学での指導教官が失脚して、高森もそれと同時に表舞台を追われたという説。法話の内容が異安心（正統とは異なる信心）として批判を浴びて教団にいられなくなったという説。高森が一時所属していた、京都の信徒団体での跡目争いに敗れたからという説。そもそも自己顕示欲が強く、最初から大教団を作るつもりだったという説。私自身様々な理由を聞いてきたが、もちろん本当のところはわからない。

ただ私自身、こんな経験がある。親鸞会をやめてしばらく働いた後、真宗大谷派の末寺の住職になったということはすでに書いた。その際、親鸞会をやめたいと言う人たちの相談を受け続ける中で、「親鸞会では救われない」と感じてやめた人たちが私のところに来て、正しい信心を教えてほしいと言う。

彼らは自らの信仰の絶対権威者である高森を失い、私は高森の代わりを求められていた。私はこの期待に応えようと思って努力したが、次第に本当に私が善知識であり、正しい教えを説いて人を導ける存在なのだという思いにとらわれ、他の僧侶は真宗の教えをまるでわかっていないのではないか、という驕慢に陥るようになった。

そして聞きに来る人たちも、私にそういう振る舞いをすることを内心求めているように思えた。私が親鸞会や他の有名な僧侶の話の批判をすると喜び、救いとは、信心とはこういうものだと断言することを望んだ。高森の元を離れて、ようやく本当のものに出遇ったという陶酔が次第に生まれるようになり、毎日のようにメールや電話で彼らの信仰相談に答えた。そして、自分は本当に宗教指導者になれるのではないかという思いを強くした。後述するが、このときに私自身がある宗教体験をしたことで、その思いはますます高まった。

この状態になるまではわずか半年くらいしかかからなかった。その後しばらくしてこの妄念はあっけなく冷めたのだが、あのまま進んでいたらどうなっていただろうという恐怖は、今も胸底に残っている。

この自身の体験から思い起こされるのが、小池龍之介住職による「解脱失敗」である。元は山口県の浄土真宗本願寺派の末寺の僧侶で、宗派を離脱して鎌倉に月心寺という道場を開き、訪れる人たちの悩みを聞き瞑想の指導をしていた小池は、「早ければ一年強、または七年未満には、解脱するでしょう」と言って二〇一八年に瞑想の旅に出たが、一年も経たずに解脱を断念して帰還している。小池はその経緯と謝罪の音声を動画サイトにアップしており、注意深くそれを聞いてみた。

それは「修行者が陥りがちな魔境の状態になり、もうすぐ解脱できるという妄想に支配されていた」という告白だったが、私が注目したのは、彼が瞑想によって様々な救済のビジョンを見たということと、「解脱してみんなを救いに帰ってくる予定だった」という言葉だった。そして小池は自分を瞑想の指導者として頼っていた人たちに、謝罪の行脚をするという。

彼は苦しみを抱えて彼の道場を訪れる人たちを、本当の意味で救いたかったのではないか。小池の元に来る人は小池に対して、現実に救済の力を持った宗教的権威者であることを希求し、小池もそれに解脱をもって応えようとしたのではないか。でなければ、解脱してみんなを救いに帰ってくる、という言葉は出ようがないように思えた。そうした相互の依存関係が魔境を生み、小池をして自分は解脱できるという驕慢を生じさせたのではないかと思う。

オウムの麻原についても、前身となったヨーガサークルである「オウム神仙の会」の時代の様子において、多くの信者の信仰相談に真剣に答え、解脱を目指して修行をしていた姿を伝える元信者の証言は多い。

夜中を過ぎても、智津夫（注・麻原）は床に就くことはなかった。ほかの会員たちは疲れ果てて八時か九時には眠りについているのに、智津夫はセミナーに来た人びとから悩みごとの相談を受けていた。癌に苦しんでいる人、会社の経営がうまくいっていない人、不良息子のことで悩みつづけている親などの話を親身に聞いてやり、そのために智津夫の睡眠時間は、集中セミナーを開催した一週間のうち、平均してわずか二時間ほどしかなかった。

それでも明くる日になれば、会員たちとはげしい修行をする。シャクティーパットをほどこしているとき、取り巻いている会員たちの目にも、智津夫の顔から血の気がさあっと引き、消耗が著しいことが見てとれた。

「ときおり休憩をとるんですが、麻原さんはぐったりしているんです。熱を出すこともありました。足の甲がざくろみたいに割れ、血が流れていたこともあります。それでも会員たちのクンダリニーが覚醒するまで、ひとりひとりにシャクティーパットをほどこしていくわけです。だめな人間には、四十分でも一時間でもやりつづける。夜は夜で、会員の相談を受けつづける。そんな姿を見て僕たちは、みずからの苦をいとわず、弟子たちを解脱に導くためにひたすらおのれのエネルギーを捧げているのだ、と感動しました。麻原さんの姿に、菩薩行を思わないわけにはいきませんでした」

と設立当初からの元信者のひとりは語るのだ。

（髙山文彦『麻原彰晃の誕生』）

著者の髙山は、肉親にも憎悪され二度の逮捕という躓きを経た麻原にとって、こうした修行と献身的な指導により自他ともに満たされる体験は、彼の生い立ちやコンプレックスを乗り越えるものとして存在していたのではなかったか、と指摘する。必要とし、必要とされる中で、本当に多くの人を導ける宗教的指導者になることを願い、そうした「麻原彰晃」を周囲の人たちも求めていたのではなかったか。オウムで行われたＬＳＤなど合成麻薬を使ったイニシエーションについても、なかなか神秘体験のできない信者に対して「絶対に神秘体験をさせてあげなければならない」という「最後の最後の指示」として行われた、という元幹部の見解もある（富田隆『オウム真理教元幹部の手記』）。

富田は麻原にはヨーガ指導者として、信者を神秘体験に導く能力が当初はあったと認めるが、次第にそれは失われていったと指摘している。霊的能力の失われていく指導者と、その能力を求めて集まる信者。「ヒマラヤの山中で最終解脱した」という自らの神格化や、カル・リンポチェやダライ・ラマ十四世を利用した権威化。さらに合成麻薬やＰＳＩ（麻原の脳波を流すヘッドギア）などの手法を使った神秘体験への逃避は、こうした背景があったと考えてよいのではないか。

指導者の「正しさ」に依存する教団においては、信者は指導者の言葉を斟酌して、その言葉によって救われた自分を作り出し、競って指導者の言葉に従おうとする。信者同士の会話では指導者の言葉をどれだけ覚え、どれだけその思いに機敏に反応しているかが話し合われる。

こうした傾向は宗教に限らず、カリスマ的な創業者を持つ会社組織でもありうることだが、会社では仕事や生き方指南、つまりは人生観の範疇への影響にとどまる。だが宗教においては人生全体の目的のみならず、自分の人生を超えた前世や死後、そして自分の周囲にとどまらず人類全体の根本的な存在理由について、指導者の世界観をまるごと取り入れようとする。

そうなったときに信者は指導者に対してより「特別な存在」、もっと言えばより「霊的な存在」であることを期待するようになる。指導者の生い立ちや生き様について、大げさな伝説が作られるようになり、有名人を使った権威化、さらには前世の歴史までが創作されることもある。なぜなら自分が人生のすべてをかける存在が、平凡なものであったら困るからである。そして指導者はその期待に自分の存在価値を見出し、全力で応えることを宗教的使命とするのだ。

私が親鸞会にいたときに、会合や法話で高森会長が賛美されないことはなかった。その賛美の言葉を聞くときに、信者も同様に絶対的な「正しさ」に従える幸せを噛みしめる。そして指導者もその期待に全力で応えようとする中で、作られた幻想の「権威」を次第に我が物と勘違いして全能感に酔う。そのときに世間的な価値観や善悪の判断基準という歯止めは、指導者と信者の強い相互依存によって作られた、賛美と愛によって溶かされてしまう。

ただここで注意が必要なのは、権威主義的な指導者が信者との相互依存関係の中で作られるという考えは、行きすぎると一連のオウム事件を「弟子の暴走」とするような主張につながりかねない。一審弁護団が唱えたこの「弟子の暴走論」に、いまだ賛意を表明するジャーナリストも存在するが、弁護士の滝本太郎やジャーナリストの青沼陽一郎の指摘するように、この主張は膨大な裁判資料などですでに否定されており、弟子の暴走だと判断できる余地は残されていない。

権威的指導者が指導者生来の性質に加えて、信者との相互依存関係の中で作られるという持論を私は述べたが、オウム事件において多くの人を巻き込んで暴走した主体が、麻原本人であることは明白である。この点は誤解の生じやすいところであるので指摘しておきたい。

8 なぜ彼らは神秘体験を求めたのか

人生の矛盾や迷い、苦しみの解決を求めて宗教を信じるときに、人はその信仰における真実性の証を求める。つまり神仏が正しく私を救済するのかどうか（あるいはしているのかどうか）という信仰の根拠を求める。

逆に家を中心として信仰継承される伝統教団においては、ここにいるとなんとなく安心できる、仲間に会える、教義的なことはわからないが先祖が大事にしてきたから、道徳倫理的にいい話を説いている、というくらいの動機で十分に信仰は維持されるが、カルトは布教活動や献金といった信仰維持に必要なエネルギーが多大である分、その信仰に確かな真実性の証を求める傾向が強い。

この証の最も単純な形態は、この教えを信じたからこんないいことがあった、という直接的な利益を根拠とするものである。例えば私が脱会支援をした日蓮正宗系の新宗教教団の信者は、自分の信仰の真実性の証として、「高速道路で大事故を起こしたが、軽いけがをしただけで無事だった」ことをあげた。他にも「病気が治った」といった体調の改善や、教義そのものが信じるに値するから、という理性面での証をあげる人もいるし、自らの人格向上を証とする人もいる。

これらのものに共通するのは、結局は「思い込み」という枠組みの中を出られないことだ。「高速道路で大事故を起こしたが、軽いけがをしただけで無事だった」ことが仮に事実だとしても、それが信仰の結果としてもたらされたのかどうかは別の話である。なぜなら「ならば信仰をしていなかったら大けがをしていたのか」を経験することは不可能であり、その結果を検証できないからだ。つまりはこのケースは「事故を起こしても無事だった」ということを「信仰の結果だと思っているだけ」に過ぎず、思い込みの範疇を出ない。信じるに値するかどうかの判断が、教義を合理的に判断した結果だとしても同じことである。これも教義が信じるに値すると「合理的に判断したと思っている」に過ぎない。カルトにかかわらず、信仰というのはどこにその真実性の証を求めても、最終的には「そう思っているに過ぎない」という一点をどうしても超えられないのだ。

さて、こうした「思い」を真実性の証にする限りは、信者はずっと思い続けなければならないわけで、説教や他の人の信仰告白を熱心に聞き続け、あるいは日常の中で「この教えは真実である」と自分に響いたり頷かせてくれるものを常に探すことで、そうした「思い」を維持する努力をしなければならない。

とある駅のロータリーで、天理教の信者が大勢の通行人の前で、「みかぐらうた」をハッピを着て歌っているのを見たことがある。明らかに異質な光景に、通行人の多くは目を背けて通り過ぎていた。その後近所の天理教の大教会長と話す機会があったので、「あれをすることで入信する人がいるのですか」と聞いたら、そんな人は滅多にいないし、直接的に布教につながるとも思っていないと言う。しかも彼は三十年以上こうした布教をしてきたと言うのだが、いまだに後ろ指をさされているような辛い思いは消えず、戸別訪問をして布教するときも、最初のチャイムを押すときにありったけの勇気が必要なことは変わりない。「渡したチラシを目の前で破られたり、自分の目の前でわかるように耳をふさぐ人もいた」と言う。

しかし「こんなことをやっていても無駄ではないか」とあきらめかけたときに、不思議と縁のある人に巡り合う。「そういうときに、おやさま（教祖）の存在を感じる」と言うのだ。こうした活動をすることで初めて、自分がまだ信仰をつかんでおらず疑念だらけだということ、そして自分の信仰の力ではなく「おやさま」のはたらきで求めていることを自覚するという。その言葉からは私も親鸞会で十二年間同様の布教活動をしてきた経験が思い出され、深く共感したのであった（この章の論旨には直接関係はないが、新宗教とはいえ二百年近い歴史と有数の規模を持つ教団の幹部が、こうしてチラシ配りや戸別訪問といった、地道な布教を今も続けているということには新鮮な驚きがあった。伝統仏教教団の多くは教勢の低下から活性化の緒を探っているが、教団幹部が街に出てチラシ一枚でも配っている宗派が果たしてあるだろうか）。

苦しく恥ずかしい活動をすることによって、そこに信仰の証を見出そうとするのは、多くの宗教に共通することであろう。エホバの証人を長年信仰してきた元信者からも同様のことを聞いている。周囲から期待される力強い信仰者像を演じ、熱心に戸別訪問などの辛い活動を続けるのだが、それは自分の弱い信仰が問われることでもある。「まだまだ信じられてない」という自分がそこに見えたときに、熱心な信者はそれを信仰強化のエンジンとしてさらに活動に身を投じるようになり、演じていたはずの「力強い信仰者像」にいつの間にか転化していくのだ。

しかしこうした信仰維持の努力を要するというのは、裏を返せば常に「信心という不安」を内面に抱えざるを得ないということでもある。この不安を解消することはできるのだろうか。

私がいた親鸞会では、この問題に極めて明確な回答を与えていた。「信心決定」がそれであり、自己の救済への疑念が消滅する宗教的回心体験であり、一種の神秘体験と言ってもいいかもしれない。会長の高森はこの体験を、「心も言葉も絶《た》え果てゝ、当相脚下《とうそうきやつか》、無間のドン底に叩《たゝ》きおとされた一念「そのまゝ救うぞ」の弥陀の一声。「弥陀五劫思惟《こうしゆい》の願を、よくよく案ずれば、偏《ひとえ》に私一人の為であったのか」と真に手の舞《ま》い足の踏《ふ》むところを知らぬ大歓喜《かんぎ》におどり上った」（高森顕徹『白道燃ゆ』）と表現している。

つまり救済の事実がハッキリする自覚体験があり、それこそが「絶対の幸福」だと説明されていた。親鸞会の信者はみなこの境地を目指して求道しており、ときおりこの境地に至ったと思われる信者の体験談が、法話の場で発表されたり機関紙に掲載されたりもした。

そもそも「信心決定」は救済の絶対条件であり、これなくしては極楽には行けずに地獄に堕ちることになる。だからみな必死であった。会員は「信心決定」した高森会長でなければ、自分たちを「信心決定」まで導けないと信じ、それは強力な脱会への歯止めになった。脱会した信者たちにとってもこの影響から脱するのは困難であり、親鸞会をやめた幹部の中には「自分も信心決定した」と公言するものが出て、そこに脱会した信者が高森の代わりを求めて集まったりもした。

私ももちろん「信心決定」を目指していた。しかし自分にはそういうときはなかなか訪れなかった。体験すればわかるという希望と、体験した人がいるという話が当時の私の求道心を支えていたが、それは体験してハッキリしたのではなく、「体験をするとハッキリするに違いない」と信じて思い込んでいたに過ぎなかった。私が脱会できたのは、このことに気づいたからだ。

ところが、転機が訪れる。どういうわけか体験してしまったのだ。「私の入信体験」で述べたように、私は脱会後にしばらくエンジニアとして働き、その後大谷派の住職になったのだが、住職になった後にその「体験」は訪れた。しかも場所は真宗本廟という京都にある大谷派の本山であった。『教行信証』という聖教を読んでいたときに、急に慈雨が自分を包んだ。涙が止めどなく溢れて世界の何もかもが光に包まれているように見えた。文字で書くと陳腐な表現にならざるを得ないが、自分と世界の境界を突如失うような、素晴らしい体験だった。

それを私は自分が「信心決定」したのだと思った。ところがその体験の感動は次第に光を失っていき、一か月も経つと体験はすでに過去のものになっていた。私は何も変わらなかった。しかし「体験した」という事実だけが自分を支配して、それを自らのプライドに持ち替え、体験していない人をどこか下に見るようになった。この頃は私の法話を聞きたいという人が徐々に集まりつつあるときでもあり、「救われた人間」として彼らを同じ境地に導けるという驕慢の淵に沈んでいたが、その一方で薄れていく体験の感動を、どうしたらいいのかという思いもあった。

私の場合はたまたま師に恵まれたことで、この「体験」を次第に相対化していくのだが、それにしても、あれは何だったのだろうという思いはずいぶんと残った。これは曖昧なものではなく、恐ろしくハッキリとしていて、まさに宇宙と溶け合うような体験であり、この世のものがすべて夢だとしても、この体験だけは真実だと思わせるようなものでもあった。あれが「信心決定」でないとしたら、一体なんだというのだろう。

そんなときに偶然に一冊の本に出遇った。ケン・ウィルバーの『無境界』という本だ。この本を何気なしに書店で手にとった私は、冒頭からこんな話が出てきて度肝を抜かれた。

　気がつくと、わたしは炎のような雲に包まれていた。一瞬、火事かと思った。どこか近くが大火事になっているのかと思ったのだ。ところが、つぎの瞬間、燃えているのは自分の内側であることに気づいた。その直後、えもいわれぬ知的な光明をともなった極度の高揚感、歓喜の絶頂がやってきた。そして、宇宙が死せる物質によって構成されているのではなく、一つの生ける「存在」であることを知った。単にそう考えたわけではない。わたしは自らの永遠の生命を自覚した。永遠に生きるという確信をもったのではなく、自分に永遠の生命があることを自覚したのだ。さらに、人類すべてが不死であることを知った。あらゆる物事が協力しあいながら、互いのためによかれと思って働いていること。あらゆる世界の根本原理が、いわゆる愛であること。そして、長期的に見れば、誰もが幸福になることは絶対に確実であること。宇宙の秩序とはそういうものであることを知ったのだ。――R・M・バック

私は思った。自分が体験したのはまさにこれじゃないかと。この本にはこうした「体験」

が多数書かれており、私が「浄土真宗の間違いのない救済体験」と思っていたものは、セラピーやヒーリング、あるいは一種のヨーガによって入る「変性意識体験」と言われるものとても似通っていることに気づいた。そしてMDMA（エクスタシー）やLSDなどの幻覚剤によっても似た体験が起こるときがあり、まさにオウムはそれを利用した。

そのときに私は思った。私がいた親鸞会では高森が十八歳のときに明確な「信心決定体験」をして、そのことが彼の求心力の源泉であったわけだが、ひょっとしたら「変性意識体験」をして、何かの勘違いをしてしまったという可能性はないのかと。

こうした体験は様々なところで見られるが、ここでは二例あげる。最初のは宗教ではないが「ヤマギシ会」の「特講」と言われる合宿での体験談である。

「突然、お腹の中に太陽が生まれたんやわ。身体全体があったかくなってね。すべてが一体というか、会場全体が親愛の情に包まれた。それまでは、なんで、なんでと聞くヤマギシの進行係に内心反発を感じていたけど、急に係と私は親愛の情で結ばれ、とてもいい人に思えたんやわ。うまく言えへんけど、図式的に言えば、太陽の光＝ヤマギシの村＝係＝親愛の情＝すべては一体ということになるんやろうね」

「ところが、〈一体研〉の家系図のような図を見ていたときです。急に、快感が襲って、意識が宇宙に飛んでしまいました。信じてもらえないでしょうが、自分の意識が地球の外に飛び出し、宇宙の彼方から地球を見るようになったのです。青々としていてすばらしかった。ほんとなんですよ。ふわっとした気分でしばらく酔いしれていました。いまでも、あのときの快感を忘れることができません。夫や夫の家族たちが猛反対したために子どもをヤマギシ学園に送ることはできなかったけど、すぐにでも送りたい気分になった」

（どちらも米本和広『洗脳の楽園――ヤマギシ会という悲劇』）

また、伝統仏教教団である真宗大谷派でも、こうした体験を「回心」と言い、その体験までを「機攻め」というプロセスで導くことが、昭和の終わりくらいまでは普通に行われていた。この「機攻め」はヤマギシの特講のプロセスと似ており、自分の存在意義の核心を突くような質問や、あるいは今までの人生であえて問うこともなかった問いを、徹底的に反復することで、対象者は自我が一時的に破られる体験をするのである。

その時でした。そうやって、ワーワー大声を出して泣き続けながら、ふっと自分が見えたのです。本堂の畳を叩きながら、「ちきしょう！ちきしょう！」と叫んで大声で泣くしかない、もうどうしようもないちっぽけで愚かな自分の姿というものが、ほんとうにありありと見えたのでした。そこに見えている自分の姿は、畳に打っ伏して荒れ狂うようにワーワー泣き叫んでいるわけですが、それをじっと見つめている自分というのは、何か非常に冷静な感じで、それでいて、ものすごく温かい何か大きなものに包まれていると言うか、何とも言えない安らかで充実した感覚を味わっていたのです。そして、その時、僕ははっきりとこう確信しました。「ああ、人生は生きるに値するんだ。信じるに値するんだ」と。この時はそれが何であるのかはよくわかりませんでしたが、とにかく、いまだかって味わったことのない、不思議としか言いようのない感動でした。

（鶴田義光『すでにこの道あり――生きる意味を求めて』）

こうした体験には表現には差はあるが、どれも「まばゆい光や何か温かいものに包まれる恍惚感」や「自我の境界が破られ大いなるものと一体化する感覚」「意識が肉体を離れていくような視点の獲得」という点で共通している。そして多くの場合人生観が一変する。これらの体験は決してぼんやりとした夢のようなものではなく、何かに酔っているようなものでもない。かえって現実のほうを夢に追いやってしまうほどの明晰な体験であると言える。さらに体験そのものが宗教的な感覚と親和性が高いため、一度この体験が宗教的救済であるという認識を得たら、それを疑うのは容易ではないだろう。

オウムの場合は、少なくとも教団初期においては麻原のヨーガの指導力は本物だったらしく、多くの元信者が麻原の指導によって、こうした「神秘体験」をしたことを告白している。こうしたグルと弟子という関係性において「覚醒」した信者は、麻原の宗教性を疑うことができず、無条件にグルの指示に従う根拠となったと多くの識者は指摘する。これだけ見るとこの教えが真実だと「思っているに過ぎない」という信仰の不安は、体験によって明確に破られるように思える。

しかし、ここに至ってもわずかなほころびがあるのだ。それは宗教体験が仮に真実であったとしても、それが正しく宗教的な救済の結果であるかどうかという点については、自分が判断して「そう思っているに過ぎない」という信仰を超えることができない。つまりは神秘体験はそれだけでは信仰の真実性の証にはならない。

独学でヨーガを学び、大学三年生のときに「神秘体験」をしたという早稲田大学の森岡正博教授は、「身体が光りに包まれて、言いようのない快感におおわれるという体験」は「薬物を使わない覚醒状態の内的体験として存在する」と自身の体験から断言し、その上で重要な指摘をしている。

こういう体験は、ヨーガの修行をしていなくても、密教の修行をしていなくても、カルト宗教を信じていなくても、教祖の言うことを信仰していなくても、できることなのである。私の場合が、そうであった。私は、腹式呼吸と、座禅の姿勢と、集中力だけでそれをやってしまった。修行のサークルに入ることなく、師匠につくことなく、できてしまうのだ、そのくらいのことならば。

だから、このような神秘体験を得るということと、修行したり宗教を信仰したり教祖の言うことをそのまま信じたりすることのあいだには、基本的には、なんの必然的関係もないのである。

（森岡正博『宗教なき時代を生きるために』）

これは全くそのとおりで、だからこそ森岡は神秘体験を絶対化し、信仰の証にしている人たちに向けて「それを『信仰』や『教祖のことば』や『宗教的真理』から、いったん慎重に切り離してみる」ことが必要だと説くのだ。

しかし私が相対してきたオウムやアレフの信者・元信者を見ると、外からは「神秘体験をしたから、この教義は間違いのない本物である」と、無条件に思っているかのように見えるかもしれないが、そうとも言えない。表向きには信者はそう言うだろうが、そんな簡単なものではない。彼らには一点の曇りもなかったわけではなく、どこかに「結局そう思っているに過ぎない」という自覚も残しているように感じられた。彼らは森岡の考えたようなことは当然に通過していると私は思う。ならばこれらの信者たちと森岡との違いがどこにあるかというと、その体験の内容や深さではない。その体験に真剣に「私が救われるという証」を求めていたかどうかだ。

間違いのない神秘体験をしたからグルが間違いないと思うのではなく、自分がした体験が本物の救済体験かどうかわからないという、「わずかなほころび」を信者が自覚したとき、そのほころびを埋める最終的な判断を「師」であったり「グル」に求めずにおれないのだ。この点は禅やヨーガなどの瞑想的な行を求める宗教が、等しく「師」との関係を重視する証左でもある。つまり森岡の指摘する点への気づきは、真摯な求道者にとっては体験の相対化ではなく、師への依存をより深める要素としてはたらく。

師の言うとおりの修行をすることによってもたらされる「体験」によって師を信じ、加えて自分のした「体験」が、師の言う「救済体験」と正しく同一であるという証を求めることで、さらに師に依存する。理性という剣で、この無限ループを断ち切って脱出することは果たして可能なのであろうか。結局は林泰男元死刑囚が裁判で裁判長から言われた「およそ師を誤るほど不幸なことはなく」というところでしか、カルト問題の結論は語れないのだろうか。

いわゆる知識人と言われる人が外からカルト問題を語るときに、私がいつも怖さを感じるのは、人間の理性と思考の力を過信しているように見えることだ。なんでそんなことがわからなかったのだ、ちゃんと考えれば違うってわかるじゃないか、というまなざしをひしひしと感じる。でもいくらなんでもその考えは無邪気すぎやしないか。あなたが考えているようなことを、「中の人」もまた考えてきたとは思わないのか。あなたと同じ脳みそを持った人間が真剣に求めているんだから。

カルトに入る人は人間の理性を信じられなかったのではなく、人一倍理性の力を信頼してきた人たちだと思う。その「理性の溶炉」によってどうやっても溶かしえない、黒々とした何かを感じたときに、理性を超える何かを求めて「超越的な真理」に依存していったのだ。

9

本当は迷い、もがいている

以上、信仰の真実性の証が、信者にどのようにもたらされるかを書いてきた。最後に私が一番言いたかったことを書く。

信仰の真実性の証を求めるのは、それが得られないで悩んできたからだ。真に自分が救われる信仰かどうかを心の奥底で問うているから、その証を求めてやまないのである。カルトの信者を見ると、どう考えても真実性の証にならないようなことを、信仰の拠り所にしているように見えるかもしれないが、それは洗脳されて盲信している姿ではない。疑念や悩みを残してもがいている姿が、仮にそういう形を持って外に現れているに過ぎない。

この神様はありがたいんです、この仏様の救いはこんなにあったかいんです、私は間違いなくこの教えに救われましたと声高に主張するときに、その根底にはそう思いたいけど思えない信者の姿がある。これは別にカルトに限った話ではない。信仰は本来そういう二面性を持っているのだ。

こうした宗教体験や「事故に遭わなかった」「病気がなおった」といった経験、あるいは厳しい布教や求道生活から形成された信仰に接すると、何か低レベルな宗教を盲信しているような印象を与える。しかし「本当に私は救われているのか」という「証」を求めるのは、そこに現実的な救済を求めているのなら当然のことであり、そうやって悩んで考えて求めてきた信者に、君は思考停止してインチキな教えを盲信しているんだ、もっと自分の頭で考えたらどうだ、と言ったところで少しも言いたいことは伝わらないだろう。

私自身も様々な研修会などで話をするときに、なんで彼らのような普通の思考力を持った人間がこんな宗教に迷ったんですか、といった質問を受けることがある。そこにはこうした宗教に迷った人に対して、思考を放棄した人というレッテルを貼って、一段低く見るまなざしを感じることもある。しかし彼らは思考を放棄したのではなく、普通の人がスルーして考えることがなかった問題、あるいは考える必要のなかった問題に突き当たった人たちなのだと思ってほしい。それが、次章から述べる脱会支援の第一歩となる。

コラムⅡ　カルトの見分け方はあるのか

さて、集団のカルト性は、具体的にどのような特徴として露出するだろうか。『Q&A宗教トラブル110番』（山口広・滝本太郎・紀藤正樹著）は、以下の七項目をあげている。

①伝道に際し、宗教団体の伝道であることを隠すなどウソがある。
②信者らに高額のお金を要求する。
③信者らに、宗教団体の代表に対する、絶対的帰依と従属を要求する。
④人類が滅亡する、輪廻転生ができないなど、構成員に恐怖感を執拗にあおる傾向が強く認められる。
⑤信者らが共同生活をしている。
⑥関連会社をもち、信者らにただ働きをさせている。
⑦家族からのクレームに関し誠実に対応しない。あるいは平気でウソをつく。

これらの項目にいくつか当てはまっていれば危険な兆候と言えるが、中でも①はカルトかどうかを判断するにおいてかなり重要な要素である。社会的な信頼のある宗教団体は正体を隠さない。私も公開講演会といった一般向けの行事を主催することがあるが、内容が宗教的であればあるほど必ず「真宗大谷派」あるいは「玄照寺」という教団名を明記する。理由はそのほうが信頼性が高まり、来られる方の不安を取り除く効果があるからだ。もちろん教団が何らかの不祥事を起こして信頼を損なうということもあるだろうが、その際は教団名を隠すのではなく、教団の信頼を回復することが必要だと考えるのが普通だろう。

ところがカルトはそう考えない。教団が社会の信頼を失っているならば、自分たちは正しい教えを広めて正しい救いを説いているのだから、それを理解しない社会のほうが悪い、という考えになるのだ。オウム真理教の後継団体であるアレフの勧誘では、入会直前まで教団名が隠されるが、その理由を現役信者に聞くと「社会が私たちを誤解していてそのまま言うと不審を与えるので、十分に私たちのことを理解してくれるまで、教団名は伏せる必要があるが、最後には必ず伝えるようにしている」とのことだった。こうした態度が、より一層の社会的信頼を損なっていることは自明であるが、彼らはそれに気づかないのである。

そして正体を隠す理由にはもう一つ大きな理由がある。それは信者自身がこうした「正体隠しの勧誘」を受けて入信した過去を、否定できないからだ。ダミーサークルを通じて正体隠しの勧誘をされて教団に入ったならば、なんとかして自分に真実を聞かせたいと思って、やむを得ずダミーサークルを駆使して導いてくれたのだと善意に解釈するようになる。これは「騙された自分」を認めたくない一種の防衛本能であるが、その防衛本能は自分自身が勧誘する立場になると、積極的に嘘をついて勧誘するモチベーションに変化する。厳しいパワハラまがいの指導を受けて育った会社員が、自分が上司になると部下に同じような指導をしてしまうことに似ている。これも自分に真実を伝えるための方便だったのだと肯定したいがために、かえって自分も熱心に同じことをしてしまうのだ。

②の「信者らに高額のお金を要求する」では、若年層の信者においては高額な金銭要求がなされない場合が多い。その理由は簡単で、高額なお布施を払えるのは中高年層であって、若者ではないからだ。私も今までいろいろ見てきたが、例外はあるものの、そもそもお金をあまり持っていない若者に対して法外な献金を要求する教団は実はそう多くはない。なので若者については比較的③の「宗教団体の代表に対する、絶対的帰依と従属」という要求が強くなる。つまりは献金より労働奉仕的な貢献が求められ、教団への忠誠と維持拡大に必要な活動が中心となり、将来の幹部候補としての期待もかけられる。

⑤の「信者の共同生活」や⑥の「関連団体での無償あるいは低賃金での労働」を要求されるのも若者が多い。教団によっては性的な従属を要求されることもある。二〇〇六年には韓国発祥のキリスト教系カルト「摂理」で、百人以上の若い女性信者に、教祖への性的奉仕を要求していたことが報道された。カルトは若者に対しては人生を奪い、中高年層からは財産を奪う。

⑦の「家族からのクレームに関し誠実に対応しない」については、経験上そうでもないケースも多い。教団にクレームを入れたときに、教団側で対応した人の真面目さや誠実さにかえって感心してしまった、というケースも多々見てきた。これは同じ教団でも対応する人によって、印象は全く異なったりする。

第三章　どうしたら脱会できるのか

脱会支援を考えるときに、菊池寛の『恩讐の彼方に』という短編を思い出すことがある。人斬り強盗であった主人公市九郎が自らの罪業に恐れをなし、出家して了海と名乗り滅罪の旅に出るが、その途中「鎖渡し」という難所で亡くなった馬子の弔いをしたことで、その岩場に隧道を作ろうと決意する。当初は手伝うものもいるが、あまりの難工事に了海は一人になり、日の当たらぬ岩壁の奥深くをひたすらに掘り穿つこと二十一年、再び手伝うものも現れ、また親の仇として了海を探していたものも掘削に加わり、隧道は貫通する。

その夜九つに近きころ了海が、力をこめて振りおろした槌が、朽ち木を打つがごとく何の手答えもなく力余って、槌を持った右の掌が岩に当たったので、彼は「アッ」と、思わず声を上げた。その時であった。了海の朦朧たる老眼にも、紛れなくその槌に破れたる小さき穴から、月の光に照らされたる山国川の姿が、ありありと映ったのである。了海は「おう！」と、全身をふるわせるような名状しがたき叫び声をあげたかと思うと、それにつづいて狂したかと思われるような歓喜の泣き笑いが、洞窟を物すごく動揺《うご》めかしたのである。

（菊池寛『恩讐の彼方に』）

脱会支援の現場もこれに似ている。自分の家族がカルトに入信していたことに気づいて、専門家に相談し、手応えがあるのかないのかもわからないまま、地道な働きかけを続ける。それは真っ暗なトンネルを、槌で石を穿つようにして掘り進む歩みである。自分がどこまで掘り進んだのかもわからないし、ゴールが近いのかも遠いのかもわからない。ときには何年もそれが続く。最初のうちは親戚などが協力してくれることもあるが、長期間に及ぶと周囲の人も関心をなくしていく。それでもあきらめずに働きかけを続けていると、なんの前兆もなく信者が「ふと」やめて帰ってきたりするのだ。そんなケースを今までたくさん見てきた。

この章では、脱会支援の現場において自分が見聞きし、考えてきたことを書いてみる。脱会支援は一種のカウンセリングと言えるが、私自身はカウンセリングの学びをきちんとしたことはなく、第一章の最後で書いたように、意図せずして多くの人たちの脱会支援に関わることに「なってしまった」人間である。

思えばたくさんの相談を受けてきて、自分が介入することで余計にややこしくなってしまったと反省することもあるし、出家を防げなかったこともある。脱会後のケアがうまくいかなくて辛い思いをさせてしまったこともあるし、何年経っても解決の糸口すらつかめずに停滞しているケースもある。そのたびに力なき自分に失望し、私には荷が重すぎるとやめようと思ったことも一度や二度ではない。なぜか私の活動がテレビや新聞に取り上げられて、いきなり多くの相談者が訪れたりもした。私などに過剰な期待をしていたのだろうか、失望して去っていった人も何人も見た。

それでも続けてきたのは、私自身が多くの人を偽装勧誘で騙して、親鸞会に入会させてきた後悔と罪悪感があるからであり、私はまだその自分の過去から自由になれていない。最初に私の元に来た脱会相談は、私が勧誘して入信まで導いた信者の両親からのものであった。そのときに自分がしてきた勧誘が、どんなに周囲の人たちに深い不安を与えていたのかを知った。あのとき相談に来られた私の親ほどの年齢の夫婦の、その眼中に浮かんだ悲しみは忘れることができない。

この章は、カウンセリングに関わる援助者も、家族がカルトに入信したという相談者も、また信者本人や脱会した元信者が読んでもいいように配慮して書いたつもりである。なので具体的な説得方法はあまり書かれていない（そんなものを書いても、ケースごとにやり方がまるで違うので役に立たないのだが）。脱会支援という現場で、私たちが目指すものは最終的に何かを考えるのが本章の目的である。

1　どうして脱会する必要があるのか

私はずっと、自分が信者として所属していた、浄土真宗親鸞会の脱会支援を続けてきたが、二〇一二年に初めてオウム真理教の後継団体であるアレフの脱会相談を受けた。それはある大学を通じての相談で、信者はその大学の学生、相談者は学生の両親だった。大阪にあるキャンパスの相談室で、相談者の両親は「アレフに入ることでどんな問題性があるのか」と聞いてきた。


「大学の勉強をおそろかにして卒業できないということはありませんでしょうか」

「そうですね。人によってはそういう可能性もありますが、多くはちゃんと卒業するようです」

「なら、お金を法外に取られるということはありますか？」

「セミナーなどでまとまったお金が必要なときはありますが、学生ですので無茶な要求をすることはできません」

「出家して帰ってこないということはありますか？」

「現状ではあまり考えられないと思います」

「普通に社会生活を送ることはできますか？」

「そうですね……。定期的に道場に行ったりセミナーに行ったりということはありますし、ニュースや新聞を見ないということもあるんですが……。社会生活を送れないということでもないとは思います。ほとんどの信者は働きながら道場に通っていますから」

「なら、アレフが今後、地下鉄サリン事件のような犯罪を犯すという可能性はありますでしょうか」

「全くないとは言い切れませんが、ほとんどありえないと言ってもいいと思います」

「なら、娘をアレフから脱会させなければならない理由というのは、果たしてあるんでしょうか」


この会話には少し説明が必要で、当時は学生から入った一般信者が出家するケースはあまり把握されていなかったが、今はない訳ではない。地下鉄サリン事件のような犯罪を犯すことはないだろうが、偽装勧誘をしてアレフであることを明かさず、入会金を取るなどの犯罪は犯している（二〇一七年）。また社会生活については、企業の正社員で雇われた人や、飲食業に勤める人が、アレフの勧めによって事務の派遣社員などに転職するケースはよく見られる。

派遣を勧めるのは教団外での深い人間関係の構築ができないように、また飲食業からの転職を勧めるのは、殺生のカルマを積まないためだと思われる。

しかし、普通の人の送る人生とは違うというのはわかるが、アレフに入って社会生活が崩壊するかというと、出家しない限りはそうとも言えない。様々な相談を受けてきたが、カルトに入って明らかに社会性を逸脱した生活を送るケースは、実のところそう多くはないのだ。自分の相談事例で考えると、八割以上は普通に学校に行って、卒業して、普通に働いて、人によっては結婚して家庭も持ったりする。もちろん教団に入って明らかにおかしくなって、何もかも無茶苦茶になって早急な介入を必要とすることもあるが、そうしたケースは少数派である。そうなると本人の「信教の自由」という権利と、どこに線を引くのかという課題はそう簡単に答えは出ない。この問いを放棄して、「あんなおかしな教団に子供が入っていてほしくない」という感情だけで、脱会支援はしてはならないと思う。

この相談のときの私は「たとえある程度は普通の社会生活を送るとしても、自分たちの教団が未曽有のテロ事件を起こしたことを表向きには反省しながら、信者に対しては陰謀論を吹き込んで自分たちがやったのではないと嘘をつき、そのテロを首謀した麻原彰晃を、いまだに尊師として崇拝の対象にする教団に入っていることが、社会規範上許されるはずがありません」と答えた。この回答は正論であって今も間違ってないと思う。

ただ脱会支援というのは、求めて入信して得た救済の、「虚構に気づかせる」と言ったら聞こえはいいのだが、ある意味「奪い取る」ことでもあるのだと知らなければならない。そのために相談者も支援者も、脱会支援をする「正しい理由」を求めずにはおれない。それは戦争を起こすのに、正義を必要とするのにも似ているかもしれない。

私は多くのカウンセラーに脱会を支援する理由を聞いたが、例えば統一教会（世界平和統一家庭連合）の脱会支援に携わっている人については、「マインド・コントロールされて、霊感商法などの詐欺的行為に従事させられることが問題だから」という理由が多かった。これはよくわかる。しかし、現実はわかりやすい犯罪性を持ったカルトばかりではない。オウムのように、地下鉄サリン事件まではその犯罪性が明確ではなかったというケースもあるし、実際に教団内で人権侵害や虐待などの被害が出ていても、表に出ずにわからないときもある。そして、教団によっては、入信してから人が変わったようにその教団の活動に入れ込みながらも、そこに明快な違法性や人権侵害があるかどうか明確でないケースもかなりある。

これらの理由とは別に、「（彼らは）キリスト教の正統な教義とは異なるから」という理由をあげる人が何人かいた。オウム・アレフについても、オウム真理教の教義は正統的なチベット仏教やヨーガとは全く異なるもので、いかにそれが虚偽であるかを明らかにして、正法（正しい仏教）に導くというスタンスのカウンセラーもいる。

私はそれを間違っているとは思わない。そういう立場での脱会支援は力強く、カウンセラーは頼もしい存在であろうと思う。彼らはこんなに教義的に間違っているんだ、彼らはこんな犯罪集団なんだ、彼らはこんな詐欺的な勧誘をしているんだ。だから、正しい教え、あるいは正しい生き方に戻してあげなければならないんだ、という理由は迷いがない。そういう支援の仕方が力になるケースのほうが多いと思うし、それによって救われた人はたくさんいる。そうした人たちの姿勢に私自身も力づけられ、助けられてもきた。

しかしそれでも、私はここで正しさと間違いという線を、カルトと私の間に引くことよりも、その中間で迷い続けながら支援することが、自分のやり方だと思っているのだ。というのはカルトは「真理を実践する私たちは常に正しく、反対する人々は邪悪でレベルの低い人間」という論理で「敵と味方」「善と悪」「正と邪」を明確に分けて考える。自らの正しさに依存して、その正しさを疑わないのが「カルト」の根本的な問題性であるなら、私たちが同じ論理で自分たちを「善であり正義」であると思い、カルトを「絶対悪であり、虚偽」だと確信を持って脱会支援をすることは、結局彼らのやっていることの、あわせ鏡に過ぎないのではないだろうか。

ただし、この論理は非常に危ない面もある。あまりにこうした論理でカルトを相対化すると、金銭被害や人権侵害などの反社会性や、マインド・コントロールによって信念が書き換えられてしまうことへの危機感が希薄になる可能性もあり、カルトの立場を擁護することにもつながりかねないからだ。だからその教団で「どんなことが起こりうるのか」については十分に学ぶ必要がある。その上で相談者は「どうしてその教団に入っていることが問題なのか」「どうして脱会を支援すべきなのか」の安易な答えを求めずに真剣に悩んで、その問いを解決済みにしないで信者に接し続けてほしいのだ。

そして「どうしてその教団に入っていることが問題なのか」を相談者と支援者が共通の課題として持ち続けることは、信者がどうしてその教団に入ることになったのか、その教団で何を求めて何を救いとしたのかを考えることにつながる。「あんな理解不可能な教え、騙されて洗脳されて信じ込まされたんだ」と決めつけてしまえば、それで終わってしまうのだ。脱会支援においては、「教団がいかにおかしいか」を知ることも大切だが、信者が「どうしてその教えを求めずにはおれなかったのか」を考えることも同じくらい大事なのである。その問いに向き合うとはどういうことかを、これから具体的に論じていこう。

2　脱会という「正解」を押しつけていないか

相談を受けるときに「息子には普通に大学を出て普通の会社に就職して、普通に結婚して幸せな人生を送ってほしかっただけなんです。そういう人生で幸せを求めていきなさいと話したんですが、少しも聞かなくて……」とか、「仕事のないときはいつも道場に行って修行をしているんです。人生には素敵な彼氏を作ったりとか旅行したりとか、もっと楽しい充実したことがたくさんあるってずいぶんと言い聞かせたんですが……」と相談者から聞くことがある。

気持ちはわかるが、こうした思いが信者の気持ちに届くことはほとんどありえない。「普通に大学を出て普通に就職して、平和な家庭を築くのが人生の価値だ」といった、私たちが無意識のうちに共有している価値観を、受け入れられなかったから宗教の道に入ったのであり、「素敵な彼氏を作ったり旅行したりして楽しく過ごす」ことが、実は人生の本当の充実とはならないと思っているから、信仰を求めているのである。なので信者にとっては「どうしてそんなありふれた人生観を、疑わないで生きていけるのか不思議だ。そんなかりそめの幸せ、いつどんなことで破られるかわからないじゃないか」ということになる。

私自身の入信の時期を思い出しても、大学受験のときに上京して朝の西武新宿線に乗った際に、気が狂いそうな混雑の中、誰もが能面のように無表情で、その苦痛にじっと耐えて揺られている姿を見てゾッとしたことがあった。大学受験がうまくいってそれなりの大学に入り、勉強してそれなりの企業に就職して、結婚して家庭を築いて子供ができ、ローンを組んで郊外に家を買って、毎日あの電車に積み込まれて都心に向かう。家族旅行や趣味などささやかな楽しみを求めながら、様々な不安の中で代わり映えのしない毎日を過ごして、年とって、死ぬ。必死に努力してかなりうまくいった結果がこれである。その人生に果たしてどんな意味があるのかと真剣に悩んだ。

普通は、こうした解決不能な問いが生まれても、「そうやって矛盾を抱えながら生きていくことに価値があるんだ」「生きることの意味よりも、今こうして生きていることの不思議を噛みしめて生きよう」「生きているのではない、生かされているんだ」といった、答えになっていそうで少しも問題解決にはならない、気休めの理屈をどこからか聞きかじってきて、「解決不能な問い」を自ら殺してしまう。そうでなければ生きられないからだ。

信者はこうした問いに「気休めの答え」では納得できなかったか、あるいは納得したつもりが少しも問題解決になっていないことが、宗教に触れることでわかってしまった人たちである。だから「修行なんてしてないで、一日一日を日常の中で大切に楽しんで生きよう」という答えを持ってきて、宗教心の上に覆いかぶせようとしても、信者にとっては「そんな気休めの答えでよく納得できますね」となってしまう。ただ信者は信者で「宗教的な救済を得るために生きている」とか、「全人類にこの教えを広めるための人生だった」といった宗教的信念を信じ込んで「気休めの答え」の代わりにしているだけだったりもするのだが。

結局のところは、答えのない問いに非合理な信念をかぶせて、解決したつもりになっている。しかもその信念はこちらが正しく、相手は間違っていると思っているという点で、私たちも信者もある意味「どっちもどっち」なのだ。こうした「正しさと正しさのぶつかり合い」において、こちらの「正しさ」をもって相手の「正しさ」を説き伏せようとしてもほぼ不可能である。だから、脱会支援の最初にやらなければならないのは、私たち自身が「正しい」と思っている人生観をきちんと疑うことである。

以前にスクールカウンセラーをしている友人が言っていた言葉が忘れられない。不登校の問題について話していたときに、彼は「学校に行けないというのは人間としてまっとうで、極めて正常なことだ」と言ったのだ。たくさんの個性のある人たちが同じ空間で画一的な教育を受け、集団で行動することを要求される学校は、「行けなくなって当たり前」だと言う。そして学校に行けない子供に「学校に行かなければ生きていけないぞ」と脅すのはやめろと厳重注意された。そんなことは本人も悩んでいることであって、こちらから言うことではない。逆に「学校に行かなくても人間は生きていける」ということを伝えてあげてほしいと。

それを聞いて自分も人の親として、引きこもりやニートと言われる人たちの人生を勝手に気の毒なものだと決めつけ、いきいきと働いて社会の役に立つ人生が、無条件でいいと盲信していることに気づいた。人間は一人ひとり違って当たり前であって、人生に画一的な答えなど存在しない。時代によっても環境によっても違う。「ちゃんと学校に行って友だちをたくさん作って、しっかり勉強する」という生き方には「現代の社会での比較的生きやすい生き方」という以上の価値はない。それを普遍の正しい生き様のように押しつけるのは、不健全である。

だから、本当はどちらがいいかなんてわからないのである。わからないという場所に立ったときにできることは、学校に行くという「正解」を押しつけることではなく、本当に学校に行かなければならないのか、どうしても行けないなら行けないなりの人生を歩む方法を、本人と一緒に悩んで考えることだったのだ。不登校を克服した姿は必ずしも登校ではない。同じように、脱会支援というのは「脱会」という「正解」を押しつける場ではない。

もちろん所属している団体が明確な犯罪集団であったり、あるいは教団内で明らかに信者の人権が侵害されていたり、詐欺的行為に関わっているということがわかったら、「脱会」

を最優先の目的にしなければならないだろう。しかし先に書いたように、あの犯罪集団であったオウム真理教ですらも、明確な犯罪行為に関わった信者は全体の一部であったように、大部分は普通に働いたり大学に通ったりしながら宗教活動しているのであって、表面的には私たちとそう大きく生活は変わらない。もちろん表面に見えないところで、精神的・性的な虐待を受けていたりということもあるが、それにしても最初に信者との信頼関係と対話のチャンネルを築くことができなければ、そうした危機に信者が直面しているのかどうかもわからないのである。

相談者や支援者にとって最も大事なのは信者が脱会するか否かではなく、信者との信頼関係を継続的に構築できるかという一点であり、具体的に言えば信者がその信仰生活の中においても何らかのＳＯＳを放ったときに、それを家族が受け止めて対処できうる関係性にあるか、ということだ。だから信者の所属している教団が反社会的とまでは言えない集団であり、信者とのコミュニケーションが維持され、なおかつ信者がその教団でいきいきと生活しているのであれば、あえて脱会を目指さないという支援の方向性もありえるのである。

3 カルトのことを偏見の目で見ていないか

そして、これは本当にみんなよくやることなのだが、「お前の信じている宗教は間違っている」と言って、インターネットで教団のネガティブな情報を集めて印刷して信者の目の前に置いたり、あるいは教義の矛盾点を調べて突きつけても、ある程度信仰の進んだ信者が相手では徒労に終わることがほとんどである。なぜならそういうものは現代のネット社会では簡単に調べられるので、信者は入信初期に自分で疑問に思って検索して調べたり、教団の中で疑問をぶつけて先輩信者に説明されたりして、「納得済み」のことがほとんどだからだ。教団は教団でそういうケースのために日頃から理論武装しているし、逆に言えばその理論に説得された人しか信者として残っていない。

教団も信者がそうした情報を手に入れることを想定して、カウンターとなる情報を先回りして教えることもある。これは俗に「ワクチン」と言われる。わかりやすい例として、アレフは入信候補者に様々な資料や映像を見せて、「マスコミの言うことはあてにならない」ということを信じさせ、地下鉄サリンなどオウムの行った一連の事件については、「国家ぐるみの陰謀」であると説明する。

よくこんなのを信じるなと思うかもしれない。しかし現在アレフに入る人のほとんどは地下鉄サリン事件以降に生まれた人で、事件への関心度は低い。そして信者は優しい真面目な人が多く、こんないい人たちが犯罪集団であるはずがない、という確証バイアスも働き、陰謀論を信じてしまうのだ。そして残念なことだが、私たちも逆に「あんなカルト教団がまともなはずはない」というバイアスを完全に取り除くことはできないし、そうした見方が信者に対しては「マスコミなどの世間の情報は信用できない」という逆方向の偏見を生む。彼らが陰謀論を信じるのには、こちらにも原因があるのだ。

二〇一八年七月、一連のオウム事件について、教祖麻原彰晃（松本智津夫）を含めた十三人の死刑が執行された。そのときにテレビなどで流されたオウムについての映像は、異様でおどろおどろしい印象を与えるものばかりで、彼らがいかに異質であったのかをアピールするものであった。私が後継団体であるアレフ信者の脱会支援をしている関係で、その後ずいぶんテレビや新聞の取材が来たのだが、彼らは麻原の後追い自殺はあるのか、教祖の神格化は一層進むか、新たなテロが起きることはないか、麻原の遺骨をアレフが実力行使で奪還するということはないか、ということをしきりに聞いてきた。

私は「後追い自殺はありえない」「教祖の神格化は以前からであって死刑後も変わらない」「新

たなテロが起きる可能性はない。国家権力によって厳重に監視されているし、彼ら自身にも、その意志はない」「遺骨を実力行使で奪還することもない」「信者の内心にはそれなりの衝撃はあるだろうが、彼らは今までどおり修行に打ち込むだろうし、教団に当面大きな変化は起きない」と各社に伝えた。これは交流のある内部信者や元信者から得た情報として確度の高いものであったが、このコメントを紹介したところはどこもなく、「新たなテロの可能性」や「遺骨の奪還」「一層の神格化」といった危機感を煽る話ばかりが取り上げられていた。結果はどうなったか。テロも後追い自殺も遺骨の奪還も起きず、一層の神格化の兆候もなく、彼らは地道に今までどおりに修行を続けている。もっともそこまで継続取材して報道したマスコミを私は知らない。無責任極まりないではないか。

求めに応じてアレフの映像資料を提供したら、勝手に事実と異なる説明をつけて報道をして、結果的に「麻原の神格化」というスクープを捏造してしまったテレビ局もあった。さすがに訂正報道の後に責任者とディレクターが謝罪に訪れたが、これではアレフが信者に「マスコミはウソばっかり報道しているからテレビは見るな」と徹底していることを、マスコミ自らが事実にしてしまっているようなものだ。

公安調査庁の報告によると、今も年間百人くらいがアレフに入信している。このことは広くマスコミでも報道されるが、同じくらいの人が毎年脱会したり、名ばかりの信者になって道場にも来なくなる、という事実に触れる報道に接したことはない。少なくとも、彼らは無限に拡大しているわけではないし、入ったら二度と出られない蟻地獄みたいな教団でもない。

もうずいぶん前のことだが、ある全国紙から、とある教団についての取材を受けた。そこは正体隠しの勧誘などで問題になってはいたが、決定的な反社会性は見出せないところでもあった。その話を一通り聞いた記者は、「これじゃあ記事にするには弱いので、信者が自殺したとか、そんなケースはないでしょうかね」と言ったのだった。私は席を蹴飛ばして帰ろうとかと思った。

元信者の手記や、カルトを長年取材しているジャーナリストによる、しっかりとしたレポートもたくさんあるが、メディアに取り上げられて私たちが目にするカルトの姿の多くは、極端でセンセーショナルな部分ばかりだったりする。それ自体は間違いではないが、あくまで部分であって全体ではない。霊感商法で高価なツボを訪問販売するとか、自動小銃を作ったり、メンバーをリンチして殺したり、毒ガスを撒いたり、亡くなった人を生きていると言い張ってミイラ化するまでホテルに置いておいたり、メンバーが教祖に性的な暴行を受けるなど、それらはカルトという集団の間違いない一面ではある。また、そうであるから多くの人がこの問題に取り組み続けている。でも、だからといってみんながみんなそういうところにいるはずはない。大半の人は教団に属してはいても、その境界線のこちら側にいるのだ。

なのに、カルトのそういう一面だけを水戸黄門の印籠のように持ち出して、お前は知らないけどこれが教団の本当の姿だ！　とやったとしても、通じるのは本当に初期段階の入信者だけである。それなりに教団の中で過ごして、様々なものを見聞きしてきた信者は、「おとうさんおかあさんは、私たちの教団のことを誤解している」「世間の人たちと同じように私たちのことを偏見の目で見ているんだ」となって、かえって対話の可能性を摘み取ってしまう。

意外に思うかもしれないが、信者は自分たちがそういう目で見られていることを、それなりに自覚していることが多い。世間が自分たちの教団をどう見ているのかを、こちらが思っているよりずっと彼らは知っているのだ。そして教義の矛盾や教団の暗部についても案外知っている。考えてみたら当たり前で、信者と言ってもみんながみんな出家して、完全に情報が隔絶された状況で求道しているのではない。大半は学校の中で、社会の中で、様々な価値観の人たちに囲まれて生きている。そしてそれなりの信者になると自ら勧誘もするので、そこでネガティブな反応にもさんざん直面することになる。そうした悪評や批判を常に受けながら、自分たちは本当は違う、誤解してほしくないと思っている。彼らはわかってほしいのだ。世間の目と同じ目で私たちを見ないでほしいと訴えているのだ。

だからそうした「偏見」の側に私たちが立ったら、信者が脱会したいと思ったときに相談できなくなってしまう。メディアや本でその教団の姿を知ることも大事だが、そうやって報道される姿が教団のすべてというわけではない。もっと大切なのは、目の前にいる一人の信者がその教団に何を求めて、何を見てきたかということだ。確かに教団は虚偽に溢れているかもしれないが、それを求めた信者の心までもが虚偽ではないのだから。

4　思考停止はゆらいでいる姿

よく、「娘が入っている教団の信者と会いましたが、みんな目つきがおかしいんです。ありゃ見た瞬間に洗脳されたロボットだ思いました」と言う相談者がいる。目つきがおかしいと感じるのは最初から「カルトの信者」だという偏見があるからではないだろうか。カルトに入ると思考停止して人間性を失ったロボットになると言う人もいる。断言してもいいが、カルトに入ってもロボットにはならないし人間性も失われない。

ブラジル在住の友人が来日したときに、死んだ目で朝の満員電車に乗っているサラリーマンを見て「この人たちは洗脳されたロボット集団だ」とつぶやいていた。私もたまに田舎から上京して電車に乗るとそう感じることはあるが、朝の満員電車の人たちが洗脳されたロボット集団ではないことは、実際に電車に乗っている一人ひとりが知っているだろう。カルトの人たちもそうではない。たとえ外から見たら人間性を失ったロボットに見えることがあっても、みんないろんなことに悩んで苦しんだり喜んだりして生きている、個性豊かな生身の人間である。

信者と対話をするとあまりに会話がすれ違うので、信者は洗脳されて思考停止していると感じてしまうのは無理もないのだが、すべてが思考停止しているわけではない。それどころか教団に勧誘されて入信する過程でも、信者になって活動しているときでも、様々なことに悩んで疑問を感じて考えている。そんな信者に「自分の頭で考えろ！」と言ったところで、「私は私なりに悩んで考えているんだよ！」という思いになるだろう。

ならどこが「思考停止」しているのか。第一章の「パラダイム・シフト」で説明したが、多くは「教団、あるいは教祖の教えは正しい」というところが「思考停止」の部分であり、その前提の上で他のことは全力で考えている。だから例えば理不尽な指示を教団から受けたときには「こんな理不尽な指示をする、教祖の教えはおかしいのではないだろうか」と考えるように普通は思えるが、そうではなく「こんな理不尽な指示が間違いのない教祖から出るはずがない、伝達ミスか、あるいは誰かが教祖を騙ってありもしない指示を出したのではないか」と考える。それが「間違いなく教祖の指示だ」と明らかになったら「明らかに理不尽だが、（教祖は正しいのだから）そこには何か深い意味か理由があるに違いない」と考える。この場合「教祖は正しい」という前提のみが固定化されて、その上で「全力で考える」のだ。だから信者は、自分が思考停止しているとは全く思えないのである。だって前提以外のところでは一生懸命考えているのだから。

哲学者である金沢大学の仲正昌樹教授は、かつて統一教会に属していた経験から、こう語っている。

また、「教会にいる人は完全にマインド・コントロールされているので、上からいわれたことにぜんぜん疑問を持たない」というのは、端的にウソである。私のように不信仰者で、文句をたらたらいっている信者はすくなくなかった。

アベル（幹部や先輩など）の方針を批判したり、揶揄するような会話は、ホームのなかでもけっこうされていた。私のような者と違って、模範的な信仰者として将来を嘱望されているエリートの信者でも、アベルの指示をなかなか受けいれられなくて、葛藤するようなことはある。

実際、アベルの指示がそのまま実行されないことだってある。ただただ教義にしたがって暮らし、それに背いたら地獄に堕ちると考えていたら、そういうことは起こらないと思う。

教会内部にいて、絶対に悪くいってはいけないのは、教祖とその家族に関することだけだった。それは仕方のないことだろう。教祖がメシアであるという前提に立たないと、教義からして、教会にいることがむずかしくなる。

(仲正昌樹『Nの肖像——統一教会で過ごした日々の記憶』)

ここで言う「教祖がメシアである」というのが、疑うことのできない前提であり、これに疑念を生じさせるような情報や出来事に接すると「思考停止」する。しかしそれ以外のことは一生懸命に考えているし、教団の中で信者同士が教団批判をするようなことは少しも珍しくない。これは私もそうだったし、私が接してきた数多くの元信者、特に教団に長くいた人であればあるほど、教団についての疑問や批判を持ちつつ信者を続けてきたと思う。

でも「教祖や教えが正しい」という前提は疑ってないんでしょう？　といわれそうだが、実は「思考停止」というのは「教祖や教えが正しい」という前提を守るための自己説得とも言えるもので、自己説得とは実は考えている姿でもある。つまり、「思考停止」というのは、実際には停止どころかゆらいでいる姿そのものなのだ。例えばカルトの信者が、その教団の発行物や機関誌以外は読まないで、他の情報には見向きもしないのは、教団の指示がそうだからというだけではない。スマホ一台あれば、誰にも知られずいくらでも教団の情報を入手できるのに、それでもしないのは、自分自身がゆらぐ危うい存在である自覚があるのだ。崖っぷちに立っている人が、怖くて下を覗き込めないのと同じである。

だから信者が「目つきがおかしい洗脳された集団」にたとえ見えたとしても、その内実は決してそうではないのだ。悩み、考え、ときには教団の矛盾や教義への疑念を持ちながら、必死で信仰を維持しているのが実態である。そして都合の悪い情報に目隠しをして懸命に活動をしているのは、強固な信念を持っているからではない。そうしなければ信念を保つことができないからだ。

ならばどうして家族などが接しても頑なな態度を崩さず、思考を停止しているかのように振る舞うのだろうか。それは家族が「外の人間」であり、「教祖や教えが正しい」という前提を共有していない人たちとの間では、話してもわかってもらえないと思っているからだ。だから教団の外から信者を見ると、あたかも何かに取り憑かれたような金太郎飴の集団に見えるが、教団の中に入ると実に多彩で、個性豊かな信者たちが教団を批判して笑い合っていたりもする。

つまり私たちが「外」に立ってしまうから、信者が教義や教祖について疑念を持ったときに、それを私たちに話せないということだ。私たちは信者の信仰について強い反対や疑問をぶつけることが、信者の信仰を崩すとつい思ってしまうのだが、それをすると信者が信仰のゆらぎを自覚したときに相談相手としては選ばれない。信者は私たちに相談しても「理解してもらえない」と思うから、教団の中の人に相談せざるを得ない。そうなるとせっかく生じた疑念も教団内の人たちが向き合って答えてくれるので、教団の論理によって解消してしまうのだ。しかし、だからといって私たちは信者の信仰的立場を支持して「内」に立つこともできない。じゃあどうしたらいいのか。大事なのは、私たちがちゃんと迷う、ということだ。ゆらぐと言ってもいい。信者の教団はカルトであり間違っていて、脱会することが正しい、という強い信念で向き合ったら、結局相手も「私たちの教えは正しい」という信念を強くするだけになる。

信者が求めている教えを聞くときにしてしまいがちなのが、最初から矛盾を論破しようとか批判しようと思って臨む態度だ。布教をしてきた信者は様々な人に教えを話してきた経験があるので、そういうこちらの態度は敏感に感じ取る。「正しい私がインチキ教団の教義を論破してやる」という立場で信者にぶつかっても何も解決しない。脱会の最終段階においてはそれが有効になることもあるが、最初からその態度で向き合えば、相手はもっと頑なになって、もっと「正しく」なるだけである。また「そもそも人生とは何か」という自分哲学をこんこんと信者に対して諭す人もいるが、そんなもので納得できたらそもそも入信なんかしていない。

大事なことなので何度も言うが、必要なのは私たちがちゃんと迷ってゆらぐことなのだ。真剣に聞こうとすれば相手も真剣に話してくれる。理解したいという思いで聞けば理解してもらおうと思って向き合ってくれる。自分が当たり前に受け入れていた人生観が、揺さぶられるくらいに向き合わなければ対話は成立しない。それはカルトの論理にこちらが立つということではない。「真理」を求めずにはおれない人間の思いを理解するということだ。そうして私がちゃんとゆらぐことで、ようやく相手もゆらぐ。信者は自分の言葉が私たちをゆるがしていると気づいたときに、私たちの存在によってゆらぐことができる。論破して気づかせるのではなく、信者本人がゆらげるための土台になるのが私たちの役目である。あなたの目の前の信者を洗脳されたロボットとして扱うのではなく、悩んで迷ってきた一人の人間として信頼するということだ。

5　カウンセラーや自助グループの役割

しかし書くのは簡単だが、実際は「言うは易《やす》く行うは難《かた》し」でそう簡単にはいかないのである。こちらからしてみれば、極悪インチキ集団の矛盾を暴いてどう足を洗わせるかという思いからそう簡単に脱却はできないし、信者は信仰を守るために平気でウソをつくこともあるし、教団の公式見解みたいな話をテープレコーダーのように繰り返すこともあるだろう。内と外の境界線は万里の長城のように堅牢でつけ入るスキがない。一体どうしてこんなふうになってしまったのかと途方に暮れるばかりである。

そんなときはまずカウンセラーを見つけて相談することをお勧めする。カウンセラーは信者に向き合う家族を励まして、アドバイスを与え、自助グループなどを紹介し、必要があれば信者本人と面談して対話し、脱会後も元信者の回復に向けての援助をする。しかし気をつけてほしいのはカウンセラーはあくまで「信者の脱会を支援する家族」を支援するのが主な役目であって、この人に信者をまかせれば熟練のテクニックで信者を説得し、必ず脱会に導くというミラクルな存在では決してない。カウンセラーを脱会請負人と取り違えてはならない。

カルトの問題は「正しさへの依存」あるいは「真理への依存」だと以前に書いた。依存している人からいきなり依存先を奪ったら、不安定になって別の依存先を探す。結果として「カルトサーフィン」という現象が起きる。これはサーファーが次から次へと波を乗り換えるように、「真実の教え」を探して入信と脱会を繰り返すようになるのだ。私もこうした人をたくさん見てきた。

「教団は間違っているから脱会させる」という考えで、信者の信念を教団批判の情報で押し流し、脱会に導くとこうなりやすい。脱会はさせるのではなく、信者が自ら選択するものである。そしてそれを支援するのはカウンセラーではなく、相談者である家族や友人である。カウンセラーは信者と直接に向き合うこともあるが、その主たる役目は信者の家族や友人を支えて、脱会支援を助言する立場である。

ならば家族や友人はどう脱会を支援するのか。それは、信者が悩んで考えることを支援するのだ。具体的には、あなたは脱会しても大丈夫だ、何があっても決して見捨てないし、戻ってこられる場所を用意し続けるから心配するな、という思いを常に発信し続ける。「脱会しろ」ではなく「脱会しても大丈夫」である。信者にとって教団の教義を否定して脱会することは、ビルの屋上から飛び降りるくらいの勇気がいる。私たちはつい信者を信仰というビルから突き落としたくなるが、それをしてもあまりよい結果にはならない。簡単には飛び降りられない信者の思いに寄り添いつつ、勇気を持って飛び降りられるように、ビルの下でマットを持って呼び続け待ち続けるほうがいい。

当然時間がかかる。場合によっては何年も、いや十年以上も待ち続けることになる。ときには絶望もするし、あきらめかけるときもある。だからこそ、カウンセラーと定期的に面談することが大きな力になる。そして自助グループがある場合はそこに参加するのも有益である。これは主に家族にカルトの信者を持っている人たちが、情報交換や定期的な学びの場としているもので、教団や地域ごとに様々な集まりが存在している。

自助グループは長い戦いにおいて、お互いに悩みや苦しみを共有できる場だが、ときに教団への憎悪の感情を爆発させる人がいたりして、それに流されてしまいそうになることもある。私は脱会者として関わったこともあるが、大勢の人を勧誘し入信に導いた人間である私に、容赦なく憎悪の感情をぶつける方もおられた。恨み憎しんでも何も解決しないが、その感情を持つなというのもまた無理な話である。辛いことだが、そうした感情を出す場も必要なのだろう。長く続いている自助グループではそうした感情をしっかりと受け止めつつ、かつ流されないように助言するリーダー的な人がいることが多い。

なお、こうしたやり方は信者の所属する教団が明確な反社会的行為を行っておらず、なおかつ信者自身にある程度の行動の自由がある場合においてのもので、教団が現在進行系で虐待などの明確な人権侵害をしていたり、明らかな反社会的な行動に出ている場合は、カウンセラーによっては積極的な介入を提案することもある。

その場合においてカウンセラーが信者を物理的に監禁し、信仰の自由を奪うようなやり方で脱会支援をしているという批判が、主にカルト教団側からなされることがある。私の周囲のカウンセラーはここには相当に配慮して信者と向き合っており、私の知る限りはこの批判は事実ではない。

6

家族のコミュニケーションの回復

家族の毎日の帰りが遅く休日もいつもどこかに出かけていて、調べたら嘘をついて教団の集会に参加していた、あるいは子供が都会の大学に進学していて、あまり連絡がないので心配に思ってアパートに行くと、本棚に教団の本と教祖の法話ＣＤが置いてあった、そこでその教団について調べてみると社会的に問題のある宗教や自己啓発セミナーだった。そうなったときに冷静にカウンセラーを見つけて相談するという行動ができるかというと、まず無理である。一体どうなっているんだと問い詰めて、ウェブで調べたその教団の情報をプリントアウトして突きつけ、信者と怒鳴り合ったり泣きわめいたりするという修羅場を経験することも多い。あるいは信者がトイレに籠城して一切の対話を拒否してひたすらマントラを称えたり、家を出て教団の拠点や道場に行ってしまい帰ってこなかったりということもある。そうした経験のある人はここまで読んできて「失敗した」と思うかもしれないが、みんな最初はだいたいこんな感じである。

こうしたことをいったん経験してしまうと、「信者の立場に寄り添って共に迷う」なんてことをいくら聞いても、綺麗事だと思えてくる。対話を拒絶されることも多いし、そもそも遠くに住んでいてコンタクトが取れないこともある。会いに行っても会ってくれないし、アパートに行っても教団の拠点や道場に入り浸りでいなかったりという具合だ。どうしたらいいかわからず大学の学生課に相談して、そこから私のところに相談が回ってくるというケースが毎年何例かある。

こんなときに、例えば信者が学生で親元を離れて生活している場合、「教団をやめないと仕送りを止めるぞ」と言って兵糧攻めを試みる親がいるが、あまりいいやり方ではない。またセミナーに行くお金がないからほしい、と言ってくる信者に対して、拒絶すると自分たちの元を離れてしまうのでは、という恐怖感から、お金を出すのもやめたほうがいい。学生なら今までどおりの仕送りを続けつつ、「あなたが信じている教えの話を聞きたい」という意志表示を、信者に送り続けることが大事である。

前にも書いたが、信者が親を拒絶する理由は「最初から悪いものだと決めつけていて、話してもわかってもらえない」と思っているからだ。あるいは教団側から「親に話しても無駄だ」と言われている場合もある。しかしこれは断言してもいいと思うが、信者の本心は親にも教団のことをわかってもらいたいのである。変な宗教に入ったのではないかという偏見を除いて、両親や家族も一緒にこの教えを求めて、救われてほしいというのが大半の信者の偽らざる思いである。そもそも家族を救いたいという動機で入信した人も多い。もちろん、家族との断絶や親からのネグレクト、子供に対する過度の干渉や、人生観の押しつけが入信のきっかけになったのではないか、と思われるケースもあるのだが、それでもやはり家族を救いたい、わかってもらいたいという思いが全くなくなることはないと思う。

だから、何気ない日常の会話を大事にしながら（もし別居しているのならＬＩＮＥなどのメッセージツールが有効である）、時々、あなたが聞いている教えがどういうものか知りたいという意志を、さりげなく送り続ける。信者にとっては、自分が大事に思っている教えを聞きたいというメッセージは、自分を信頼してくれているという親の意思表示なのだ。注意してほしいのは、これはカルト的な教団で活動することを許しているのではない。「（賛成はできないけど）あなたを誤解したくないから、聞きたい」という思いである。とにかくコミュニケーションを回復し、それがいかに細いものであっても、それを絶やさないことがポイントとなる。

また、信者に対して「あなたの将来を心配している」という言い方をすることがあるが、信者は教団の霊的な救済を拒否する両親を同じくらい心配しているので、なかなか響かないことが多い。それよりも「眠れなくて困っている」「苦しいし辛い」といった思いを打ち明けると、信者は両親を救いたいと思って対話しようとすることがある。例えば両親が信者を説得するために仕事をやめたとか、心労のあまり体調を崩してしまったとか、そんなことも対話のきっかけになることがある。私の知っているケースで、ずっと対話を拒否していた信者が、父親が交通事故を起こしたことがきっかけで対話が始まり、脱会したことがあった。

なので、自分が心配して信者を助けようとする思いも大事だが、助けようとする思いはときに上から目線を感じさせてしまうこともあるのだろう。不思議なことだけれども、逆に助けてほしいというメッセージが、信者の心を動かすことが多いように思う。

そして重要なのが第三者の存在である。例えば親が相談者で子供が信者という場合には、信者の兄弟や祖父、親類などの助けが突破口を開くことが多い。高校時代や中学時代の担任の教師が大きな力になったこともあった。

こうした人たちに協力してもらい、信者の味方になってもらう。大事なのは、こちらの味方ではなく、信者の味方になってもらうのだ。第三者も、できればカウンセラーを交えて一度話したほうがいいが、無理ならば「何があっても信者の味方になってほしい」ということだけをしっかりと伝えるだけでもいい。これは教団の中で信者が深刻な矛盾に遭遇したり、あるいは決定的な疑念を生じたときに、教団外に相談できる接点を作っておくという意味が大きい。

子供に対しての両親など脱会支援の主体となる人物は、信者に寄り添おうと思ってもどうしても脱会への期待が伝わってしまうし、自分の脱会を期待する人に相談して疑念を打ち明けることは、信者にとっては屈辱的ですらある。そうなると相当に深刻な問題であっても、教団内の先輩信者などに打ち明けて解決しようとしてしまう。「教団外であって信者の味方」という宙ぶらりんの存在である第三者は、信者にとっては、ときに「この人なら言ってもいいだろうか」という存在になりうるのだ。

7

教団とその教えについて知る

カウンセラーと密接な連絡を取りつつ行うことが前提となるが、信者と一緒に教団の行事に参加してもいい。だいいち教団の行事一つ参加しないで、その教団のことがわかるはずがないではないか。そしてその際も「この教団のどこがインチキくさいか」よりも、信者がこの教団のどこに惹かれて、何を求めて入ったのかということを、信者以外の家族と話し合ってみることが大事である。どんなカルトであってもよいところと悪いところがある。よいところに共感することができなければ、悪いところへの気づきも共有することはできない。対応にあたった人が親切だったとか、教団施設の清掃が行き届いていてきれいだったとか、なんかいいところはいくらでも見つかるはずである。

またその教団の脱会者の手記を読もう。メジャーな教団なら脱会者の手記が出版されていることが多い。それを通じてどんなことに魅力を感じて入り、感動して求め、何がきっかけでやめたのか。感じた疑問や矛盾はなんだったのかを汲み取ってみる。でも全部は鵜呑みにしなくてもいい。教団は一緒でも、信者が見てきたことは一人ひとり違うのだから。さらに私もそうだったが、脱会者は教団のことを必要以上に悪く書くこともある。多くの人を勧誘したりして迷わせてきた罪悪感と、脱会者の周囲の期待がそうさせてしまうのだ。だから「こんな疑問を持ってやめた人間もいるぞ」と信者に突きつけてもあまりいいことはない。あくまで参考までに胸にとどめておく。あなたが一番真剣に聞かなければならないのは過去の脱会者の言葉でなく、目の前の信者の言葉である。だから教団の反社会性や問題について書かれた本を読むのも大事だが、それが教団のすべてだと思ってはならない。前にも書いたが、教団のすべての人がそうした問題に関わっているわけではないのだから。

信者から教団や教義のことを聞くときは、真剣勝負で数時間話すよりも、短いものを絶やさず重ねていくほうがいい結果になることが多い。そして自分がこの教えで本当に救われるのか、という意識を持って聞いてほしい。そうやって話をしていくと、どうしてこの教義が成り立つのか、なぜこう言えるのかという疑問が出てくる。論破するのではなく、そこを本当に知りたいと思って聞いていく。すると信者の中で当然の真実だと思っていた教義上の前提が、実は根拠のない思い込みだったのではないか、という気づきが生まれる。

教義が教団の中で語られるときには、得てして内輪でしか通用しない、特別な定義を持った言葉を多用して、その閉じた言葉世界の中で宗教的真理が説明されることが多い。実はカルトに限らず宗教は、大なり小なりそういう言葉の世界を持っている。それは言葉の城壁によって外界から守られた、仲間だけの居心地のいい世界である。

しかしそうなると教義に根本的な矛盾があっても、教団の言葉世界でしか表現できない教義は、それそのものを疑うための言葉を失うので矛盾に気づけなくなる。なのでその言葉世界の中にいる信者にとっては、矛盾だらけのはずの教義が論理的に完璧に感じられるのだ。

これが信者獲得のために布教する際にはあまり問題になることはない。なぜなら教団の言葉世界の中に入れなかった人は、そもそも信者にならないからだ。逆に信者は「世間の人には理解できないかもしれないけど、私たちと一緒にしばらく聞いていればわかるようになる」と、教義的矛盾をその言葉世界に溶かすことで解決させようとする。信者が親に対して教義の説明をあきらめてしまうのは、この言葉世界に入れないものはいくら話してもわからないということを、感覚としてなんとなくつかんでいるからだ。

しかしこちらはあきらめずにじっと聞き続ける。そしてわからない言葉があればそれを、矛盾を感じたらそこを聞いてみる。間違いを指摘するのではなく、聞きたいという気持ちを伝えて考えてもらう。教義や教団のおかしさは私たちが発見して信者に伝えるのではない。教団で浴びるように教えを聞いている信者が一番よく知っているはずなのだから、信者を信頼して考えてもらうのだ。そこから信者は教団の言葉世界から一歩出るきっかけを得る。第一章で書いた「パラダイム・シフト」が起こる土壌ができるのだ。

これは本当に地道で、時間のかかる歩みである。思うようにいかないことが多いどころか、まともな会話になることのほうが少ないくらいだと思う。でも信者を信頼して一緒に歩んでほしい。カルトに騙されておかしくなっているから助けてやるという哀れみよりも、真剣に真実を求めるがゆえに迷っている信者に共感し、地獄までも共に歩もうという思いをどこかに残してほしい。

脱会支援をしていると、相談者には間違った教団に入って迷っている信者を、正しく社会的な常識に生きる私たちの側に戻したいという思いがどこかにある。その思いは十年以上この問題に取り組んできた私でもなかなか消えない。しかし、本当は信者ほど「正しい」存在はいないのだ。もっと正確に言うと、「信者ほど正しくなっている存在はない」のだ。そして私たちもまた信者と同様に「正しくなっている存在」になっていないだろうか。

脱会は迷っている信者を正しさに引き戻すことではない。正しさに依存して真実を抱きしめて生きている信者が、それを捨てて迷いに帰ることが脱会である。信者は迷い続けて生きることが怖いから脱会できないのだ。だから私たちが送るメッセージは「正しいのはこちらだ」ではなく、「迷ってもいい」である。迷うことは大事であり、迷っても生きていけると言い続けるのだ。そのためには信者の言葉に共感し、間違いないと思っていたこちら側の正しさがゆらぐことが何より大切なのだ。

教団の真理を抱きしめている信者が、私たちの正しさに戻るのが脱会ではない。着地点はその中間にある。様々な価値観を許容し、お互いにゆらぎ、迷っても生きていけるという大地に着地する。時間はかかるかもしれないが、必ずその日は来るから安心して進んでいこう。

8

脱会と回復への道筋

今までのポイントをまとめてみよう。脱会支援においては信者自身に「ゆらぎ」を生じさせるような働きかけをする。つまり最初から教団を全否定するのではなく、一緒に教団や教義について考えるきっかけを作るということ。そして信者がゆらいだときに、自分で教団に対しての疑問を確かめる勇気が出せるように、何があっても支え続けるというメッセージを送り続けること。そして、脱会したいという意志が生まれたときに、相談できる第三者の存在を維持すること。この三つが極めて重要になる。

とはいえ、教科書どおりに説得が進んで脱会できた、なんてケースは見たことがない。待っている家族にとっては多くの場合は突然のことなのだが、そこに至るまでの信者の歩みは様々である。何年も悩んで苦しんでようやく脱会を決意することができた場合もあるし、雷で打たれたように突然気づいてやめたという人もいた。自分の尊敬する信者が脱会したことがきっかけになった人、教団を出たのではなく、教団から追い出されたというケースもある。

最近特に多いのがネットでの教団批判を見て脱会したというケースで、家族は信者に気づかせようとずっと働きかけてきたのにまるで反応がなく、どうして今になってネットくらいで脱会することになったのかと、喜びながらも複雑な思いをするのを何例か見てきた。しかし信者がネットを見ることができたのは、信者に何があっても全力で受け止めるという家族の思いが通じた結果だと思う。信者が教団批判に向き合えるのは、教団以外に自分を支えてくれる存在があって初めてできるのであって、働きかけは必ず通じている。

忘れられないケースがある。突然に脱会の決意をして私のところに相談に来た信者がいた。教団の最前線で布教に打ち込んでいた幹部信者だった。脱会の経緯を聞くと、疎遠になっている両親から久しぶりに手紙があり、姉が結婚するから結婚式に来てほしいと頼まれたという。彼の姉は長年心の病で苦しんでおり、修行をしてその苦しみから姉を救いたいという思いが彼にはあった。入信には大反対され何年もまともに話もしていない両親や親戚と会うのは気が重かったが、結婚式に勇気を出して行ってみると、ウェディングドレスを着て幸せそうに微笑む姉の姿があった。そのとき、教団の外にこんな温かい世界があったのかと思い、そしてその世界の中で姉が救われている姿を見て、彼は脱会を決意したという。

信者は一人ひとり様々な脱会への道を歩む。しかし最後に信者の心を溶かすきっかけは、信者が戻ってくるのを待っている人たち、特に家族の想いだと思う。その想いを感じることで、信者は「疑問はあるが、今さら教団の外には出られないし、真理を離れては生きていけない」という、最後に立ちふさがる壁を乗り越えることができる。

脱会後の回復への過程は様々である。例えば仕事をしながら、大学に行きながら教団の一員として活動していた人の回復は早い。しかし教団の専従者として外との接点をほとんど持たず、教団をほぼすべての世界として生きていたような信者の回復には長い時間がかかる。こうした人は今まで積極的に友人に対して布教もしてきたので、その過程で教団外の友人をほぼ失っていることが多い。そして教団内の友人についても脱会時に失うわけだから、本当に一人になってしまう。

ここで少し自分の実体験を話させてほしい。多少第一章で書いたことと重複するかもしれないが、改めて書いておきたい。

私が親鸞会を脱会した後は、もう二度と経験したくないほどの恐ろしい孤独がやってきた。厳しい毎日の中で苦楽を共にしてきた同朋を置いて、外に出てきてしまったという思い。寝食を共にしてきた家族のような人たちとの別れ。そして私のいた親鸞会では脱会者は聞法の敗残者と言われ、接触を禁じられ呼び捨てにされ罵られた。自分もかつてやめていった人たちにそういう態度を取っていたのだ。それが今度は信頼しあった仲間から、自分がそう言われることになる。

そして、そうした教団にたくさんの人を勧誘してしまったという罪悪感。自分が声をかけたことがきっかけで、この教団に入ってしまった人はどれだけいるだろうか。ダミーサークルを作って宗教であることをひた隠して勧誘して、多くの人の人生を狂わせてしまったのに、自分だけその欺瞞に耐えきれないで一人で出ていくのだ。

さらに社会経験がなく、おそらくまともに仕事一つできないということ。普通の人たちが社会で築いてきたものが自分には何一つなかったし、ちゃんと働いて生きていける自信もなかった。つまり何もかもなかった。本当に空っぽだった。

私は脱会後にカルト宗教の脱会支援に関わっている人たちを回って、ずいぶん助けていただいた。ただそれで辛い思いをすることも多かった。私は教団の欺瞞性を証言することを期待された。何もかも失った私は誰かの役に立ちたかったので積極的にそれを行ったが、今思うとそれは自分の身を削るような辛いことだった。過去を反省し自分の歩みを否定しなければ、まだマインド・コントロールの影響下にあると思われるのではないか。そういう思いがより激しい教団の否定へと駆り立てた。実際に教団を肯定することを言うと、「マインド・コントロールが抜けていない」と言われることもあった。

私のいた浄土真宗親鸞会という教団は、既存の浄土真宗教団と対立関係にあったためか、伝統的な浄土真宗教団の僧侶たちは私に「間違った親鸞会を抜けて、正しい伝統的な浄土真宗に出遇った」というドラマを求めた。間違いに気づいて真実の教えにあってよかったねぇと彼らは言った。そんな「真実の教え」の中にいる彼らは特に熱心に伝道するわけでもなく、私を連れてみんなで夜の街に繰り出して酒を飲んで、「親鸞会ではこんなことできなかったでしょう」と得意げだった。何もかも失っていた私は周囲の期待どおりに振る舞い、彼らと別れて一人になると、苦労して脱会したのはこんな世界に出るためだったのかと、悔しくてのたうち回った。

私は就職して一心不乱に働いていろんなことを忘れようとした。そんな私の元にたくさんの脱会相談が舞い込んできて、期せずして脱会支援を十年以上続けることになったのは、第一章に書いたとおりである。私の場合は脱会支援をすることが自分のリハビリになった。

私のケースは少々特殊だが、今まで見てきた多くのケースとして、元信者に対して周囲は

「ちゃんと脱会した人」であることを求めるのである。あの教団にいたことは間違いであった、自分はマインド・コントロールされていたんだと認めて、心の整理をすることを期待されるのだ。そして教団にいた何年かの空白を取り戻させようとする。元信者も深い罪悪感と後悔の念からそうした期待に抵抗する力を失っているし、かえって教団をやめた喪失感を埋めるためなのか、ブログやＳＮＳなどのネット上で、怒濤のごとく脱会した教団の批判をし始める人も見てきた。

教団にいるときは教団にいることの正当性を裏づける情報を必死に探し、教団をやめると教団をやめたことの正当性を裏づける情報を探し続ける。教団やカルトに関する本を買い求めてむさぼるように読む人もいる。また教義が正統だったのかを知りたいがゆえに、伝統的な宗派で教学の学びを始める人もいる。脱会した教団が間違いだったとして、ならば一体本当の教えは何なのかと寺や教会に熱心に通う人もいる。別のカルト教団に入ってしまう人もいる。

正しさや真実に強く依存していた信者がそれを失うと、その空白に耐えきれず別の依存先を求めてさまようのだ。そんなときに周囲の人が親切に「あんなインチキな教団やめられて本当によかったね、ひどい団体だったでしょう」と言って、本人の心の整理になると思ってネットの情報を印刷して、「こんなのどうして気づかなかったのかな、マインド・コントロールって恐ろしいね」みたいなことを言ってしまったりする。元信者はそんなことは死に物狂いで調べてきたのだから、わざわざ見せられなくても百も承知であり、傷口に塩を塗るようなものだ。

そして一緒に旅行に行こう、これからの人生はのんびり楽しむぞと、元信者に世俗的な楽しみを与えて、宗教的なものから遠ざけようとする人もいる。遅れた分を一生懸命に勉強して取り戻せとか、早く働いて社会復帰して一人前の社会人になることを期待する言動もよく見聞きする。宗教なんて所詮は信じるものは救われるの世界だとか、死んだ後のご利益より今を楽しんで生きるほうが大事だとか、自分の宗教観を元信者に語り始める人もいる。宗教を本当に求めたことのない人が、わかったような宗教観を押しつけて元信者が救われるとでも思っているのだろうか。

これは信者の家族だけではなく、脱会支援の現場や元信者の自助グループでも、「模範的な脱会者」であることを元信者に求めたりすることがある。元信者は元信者で、教団にいたときは教団の期待に沿う信者であろうとしたことを、脱会したら「期待に沿う脱会者」として同じことを続けてしまうのだ。

そうして期待されることで自分の存在意義を確認できることが、元信者にとってのリハビリになることもあるのだが、これも限度を超えると回復への障害となる。カルト被害が社会的に問題となったときなどには、私自身も元信者に手記を書いてもらったり、新聞やテレビの取材に応じてもらったりしたこともあるが、後日あれはとても苦しく辛かったと元信者から言われたこともあった。私自身力強くたくましいサバイバーとしての脱会者像を、接してきた人たちに求めすぎていたと反省することが多々ある。

9 カルト体験も人生のかけがえのない一ページ

脱会した元信者と言ってもいろいろな人がいるので千差万別だが、何より大事なのは本人の歩みを徹底的に信頼することだと思う。自分の思うような脱会者としての歩みに導くのではなく、本人が考えて迷って選び取るために支えるのだ。周囲の人は元信者に入信前の姿に戻ってほしいと思ったりするのだが、そんなことはありえない。当たり前だが、入信して宗教を求め苦悩して脱会したら、そういう経験をする前の自分に戻れるはずがないのだ。それどころかいつかはその経験を、元信者自身が自分の人生の中に位置づけていかなければならない。

脱会後の回復にはいくつかのポイントがある。一つは「生活の回復」である。学生なら学校に行く。社会人なら働いて仕事をする。これは急ぐ必要はないが、生活を回復して忙しく仕事や学業に復帰することで、様々な人たちの生き方に触れて教団での経験を相対化して見られるようになる。

二つ目は「喪失感の回復」である。教団での経験が無駄で失われた日々であると見るのではなく、その経験にはかけがえのない意味があったという視点で見ていく。思えばあんなに無我夢中に人生の意義を問うたことも、人から後ろ指されるような思いをしてまで伝道したことも、普通の人生ならなかなかできない経験である。そしてあれだけ真剣に求めて真実だと思っていた教えをちゃんと疑って、脱会することができた。これはものすごいことなのだ。自分の間違いを認め、人生の根底の価値観を百八十度転換することのできる人がどれだけいるだろう。ならばその経験が無駄になるはずなどないではないか。

最後は「正しさ依存からの回復」である。脱却と言ってもいいかもしれない。これは正しさや真理に依存して生きてきた人から、それを取り上げるということではない。また別の間違いのない正しさや真理に帰依させるということでもない。「救済はたった一つの教義体系によって実現され、その真理を特定の教団や教祖が独占している」というカルト的な宗教観からの脱却である。つまり「世界は多様な真理や価値観を内包し、それぞれが認め合いつつ生きていける」という事実に立つのだ。多様性を認めるというのは何でもいいということではない。どんなに多様な教えがあっても、私が求めることのできる真理は一つしかない。それを私が私自身の意志で選び取れるということが「正しさや真理への依存」からの脱却なのだ。無論その中には「求めないでいい」という選択も含まれる。

脱会した元信者は、騙されて虚偽の宗教を盲信した可哀想な人ではない。人生の意味を問い、真剣に真理を追い求め、人によっては人生をかけて求道し、人を救いたいと伝道し、そしてそこまで信じていた教義や教祖を疑い、脱会できたのだ。すごい人たちではないか。だから信頼してほしいのだ。そして考え、迷いながら這い上がっていく姿を見捨てないで見守ってほしい。

私が今までに見てきた人は本当に様々な道をたどっていった。特に学校や会社をやめて専従で教団の布教に関わっていた人の社会復帰は簡単ではないが、誰もが苦労しながら道を切り開いていった。実家の家業を継いだ人もいれば、中退した大学に戻って卒業して就職した人もいた。また専門学校で資格をとって医療職についた人もいるし、介護などの人手不足の職場に就職した人も知っている。もともと真面目で思考力があり、真剣に修行や求道をしてきた存在なのだから、社会で頼りにならないはずがない。もちろん家でしばらくゴロゴロしていたってかまわない。そんな簡単に整理のつくことではないのだから。

そして教団の専従だった元信者は「履歴書の空白」を気にするかもしれない。私も経験したが、これはそう心配しなくてもいい。正直に教団をやめて社会に復帰したいのだと面接で言えば、理解してもらえることが多いし、脱会後大学や専門学校で学んで、その後に就職する場合は聞かれもしなかったりする。今まで何人か脱会した教団専従者の就職活動を見てきたが、たまたま人手不足が続いているからかもしれないが、就職に苦労したという話はあまり聞かない。確かにビジネスマナーや社会常識を知らなかったりして、当初は苦労するかもしれないが、それも一年くらい経てばそんな大きな問題ではなくなる。確かに社会は厳しいが、やり直そうとしている人を助ける人もたくさんいる。ちゃんと生きていける道はどこかにあるから安心してほしい。

そしていつか、あなたのそばにいる大切な脱会者が自らのカルトでの経験を、ただ失っただけではなく、それも人生のかけがえのない一ページであったと思える日が来るまで、あきらめずに支えてほしい。カルトを経験してやめたというのは、私は誰がなんと言おうと素晴らしい経験だと思っているのだ。どれだけ後悔に沈んで、どれだけ罪悪感に苦しみ、どれだけ教祖を憎しむとも、その歩みが血となり肉となり人生を輝かせるときがきっとくる。それまで共に歩んでいこう。

コラムⅢ　どうやって勧誘されるのか

カルトの特徴である正体隠しの勧誘がどう行われているかについても書いておきたい。ここで扱うのは主に大学生などの若年層に対しての勧誘である。

❖春の一斉勧誘

新入生がキャンパスに現れる時期を狙って組織の総力を動員して一斉に勧誘する方法。教団としては新入生が他のサークルに入ったり、クラス内の人間関係を作る前に教団との人間関係の構築を進め、教団の悪い噂を聞く前に対策のできる状態にしたい。そのため通常のサークルが動き出すかなり前から勧誘を開始する。

本格的な勧誘準備は前年から始まり、各地の大学で行われる学祭での勧誘に参加することで経験を積む。また拠点では声かけからクロージングまでを練習し、サークルの説明をするための資料作りも行う。教団であることを隠すための「偽装サークル」を作り、「哲学サークル」「ゼミサークル」「フットサルサークル」「ゴスペルサークル」などサークルの性質と名称を決定し、教団幹部が加わる場合は「大学院生」や「社会人ＯＢ」など詐称する立場を決め意思を統一する。幹部は各大学の予定に合わせて勧誘員の移動や配置、イベントの設定といった計画を練る。拠点も宗教的なものを隠して新入生に不審を抱かせないようにする。

早い大学では二月から私大の合格発表を皮切りに勧誘が開始され、その後入学手続き、入学式、サークル新歓期と波状勧誘が行われる。偽装サークル勧誘への警戒が強い大学ではキャンパス外の喫茶店やレストランを借り、路上で声かけをして連れ込み、入部を勧める。反対が弱かったり、偽装サークルが公認サークルとして認められているような場合は、大学の教室を無断で使ったり、あるいはサークルブースなどを利用して勧誘を行う。東京大学や大阪大学ではかつてこうした教団が、堂々と公認サークルとして大学の敷地や設備を使って勧誘を行っていた（現在は公認は取り消されている）。

こうして勧誘された新入生は住所、出身高校、学部学科、家庭環境、経済状態が把握される。そして教団の「先輩」が新入生の生活や履修を懇切丁寧に面倒を見ることで、授業の空き時間、昼休み、授業後、休日の行動が管理され、空いている時間はほとんど拠点に来るように仕向けられる。昼休みには拠点で食事が提供され、学食などで他の新入生と親睦を深めることを阻止する。ゴールデンウイーク期間に人里離れた場所での「新歓合宿」に参加するまでが当面の目標に設定され、徹底的に人間関係の強化と教義の習得がなされる。夏には教団への入信が勧められ秋には学祭での勧誘に参加し、翌年度の春には二年生となったメンバーが新入生を勧誘することとなる。

こうした勧誘の方法は二〇一〇年頃まで主流だった。利点としては多くの新入生をベルトコンベアでの流れ作業のように、一斉に効率よく勧誘し育成できること。チームプレイでの勧誘となるため、あまり勧誘スキルの高くないメンバーでも勧誘活動に加われるといった点である。一方大規模かつ組織的に行われるために噂になりやすく、大学職員や左翼団体との衝突に常にさらされることになり、さらに集団で育成するためメンバーに離反者が出ると、数十人が一気にいなくなってしまう危険性もある。一度大きく失敗すると次年度の勧誘員の減少を招き、三年失敗するとその大学での活動はほぼ壊滅状態となる。

大学キャンパス内でのこうした勧誘に対しては二〇〇七年に大阪大学が偽装サークルの公認取り消しを行い、二〇〇九年には全国の主要大学がメーリングリストで情報を交換し、パンフレットの配布や相談窓口の設立、入学オリエンテーションでの注意喚起などの対策をするようになると、次第に廃れた。現在新歓時期に偽装サークルを使っての組織的な勧誘活動は極めて少ない。

❖通年の個別勧誘

大学キャンパス内をくまなく歩き、教室や食堂で一人でいたり、一人でキャンパス内を歩いている学生に声をかけたり、大学外では駅構内や路上で声をかけたりする。「アンケート」や「サークル紹介」「ゼミ紹介」「勉強会」「占い」「自己診断」といった口実で声かけをして、大学内であれば空き教室や学生食堂、路上であればデパートの休憩所やファミリーレストラン、喫茶店で話し込む。その後は相手の反応を見て拠点に連れて行く場合もあれば、連絡先を聞き出して次回の約束をとることもある。最初から勧誘者と被勧誘者の間で密接な育成が行われるので離脱率が低いのが特徴である。

個別勧誘はスキルと強い信仰心を必要とするので、多くの場合、幹部信者を中心に二～三名でチームを組む。特に大学内で行う場合は、自分の身分を証明するものや教団に関わるものは拠点に置いて、さらに「ダミーチラシ」と言われる架空の遊び系サークルのチラシを作成し、職員に捕まりそうになったらそれを見せて逃げることもある。そして少しずつ場所を変えながらひたすら声をかけ続ける。私もかつて大学キャンパスや渋谷のスクランブル交差点などでよくやった。

外からこの様子を見ると、まるで完全に洗脳された信者がロボットのごとく声をかけているように見えるのだが、こうした活動をしていた元信者の知人複数名に聞いてみると、経験豊かな信者であっても相当辛いという。独りで声がけをすることもあるが、モチベーションを維持できるのは数時間が限度である。よくあんなことできるなと思うかもしれないが、実際やっている信者も葛藤しながら「俺はよくこんなことできてるよな……」と思っていたりする。

❖SNSを使った勧誘

SNSとはソーシャル・ネットワーキング・サービスの略であり、インターネット上で友だちを作ってやり取りするものである。かつては日本ではミクシィやグリーといったサービスが主流だったが、最近はLINEやツイッター、フェイスブックによってほぼ置き換えられた。

SNS上での勧誘が最初に確認されたのは

二〇一二年で、当時千五百万人のユーザー数を誇っていたミクシィであった。ミクシィで勧誘が確認された教団は親鸞会の他、ボランティア団体のコミュニティを使って勧誘する摂理や、ネット上でヨーガサークルを募集するアレフがあった。この背景には、多くの大学が新入生ガイダンスでカルトの注意喚起を学生に始め、大学公認のサークル以外はキャンパス内での勧誘活動を禁止するなどの対策を次々ととったことで、大学側の監視の目が届かないネット上に勧誘の場所を移さざるを得なかったということがある。

これらの勧誘ではLINEのグループを作ってQRコードで登録させたり、あるいはフェイスブックでグループを作成して、主婦を対象とした子育て支援サークル、ボランティアサークルなどと偽って勧誘していた。フットサルやハイキング、少林寺拳法などのダミーサークルもその存在を確認されている。これらのサークルは一、二年くらいでグループ名を変えるので把握するのは容易ではない。

あとがき

カルト問題が語られる際に、知識人や宗教者がする「もっと人生を深く考えていれば入らなかったのではないか」「正しい仏教の教えを知っていたら……」「まともな宗教と出遇っていれば……」といったコメントに、ずっと違和感を感じてきました。むしろそうした「こちらがわ」にいる私たちの正しさや傲慢さこそが、カルトに入ってしまった人たちを、「あちらがわ」に押しやってきたのではないかと。

しかし私自身も脱会支援を続けてきて、正しい自分が迷った人を導く、という視点から完全に解放されることはありませんでした。人間はたとえ宗教的救済を得たとしても、等しく迷い続ける存在だと思います。同じ迷いの中に生きるものが、信者と一緒に迷いに帰っていくカルト・カウンセリングはできないものだろうか。そうやって十年以上考えてきたことを、こうして本にして世に問うことができました。

ただ、実際の現場はそんな綺麗事だけではすまされないのも事実です。実のところ本書には、カルト問題の深刻さや危険性のことはあまり書いていませんし、詐欺的な伝道活動や搾取の実態についても少ししか触れていません。そうしたことを書くべきかどうかをずいぶん迷いました。書かなかった理由は二つあります。一つは、すでにそうしたことを書いた優れた本がたくさんあること。そしてもう一つは、何よりも現役のカルト信者にこの本を読んでもらいたかったからです。現実的には彼らがこれを読む可能性は極めて少ないでしょうが、それでも自らの信仰を問い直し、一緒に迷おうというメッセージを、いまカルトのただ中にいる人に届けたいと思ったのです。だから、彼らにこの本を読むことを躊躇させるようなことは、なるべく書かないように心がけました。

カルトの実態や現実の被害を知りたいと思う読者は、江川紹子さんの『「カルト」はすぐ隣に――オウムに引き寄せられた若者たち』（岩波ジュニア新書）のような優れた本が多数出ています。参考文献にもいくつか紹介していますので、ぜひそうした本も読んでカルト問題に対する理解を深めていただければ幸いです。

本書の第一章はゼロから書き起こしましたが、第二章は二〇一八年に立命館大学大阪いばらきキャンパスで行った講義を、第三章は二〇一六年に日本臨床心理士会・臨床心理講座で行った講義の内容を元にしています。立命館大学ＯＩＣ学生オフィスの一ノ瀬さん、日本臨床心理士会理事の平野先生、ありがとうございました。

また、大阪大学総長補佐として在任中、先駆的なカルト対策を進められた大和谷先生、「摂理」の脱会者として多くの人たちの脱会支援にあたった福岡さんには、多くの励ましとアドバイスをいただきました。お二人は共にカルト対策に携わった盟友というだけでなく、私自身の脱会後の回復に大きな力を与えてくださった恩人でもあります。

そして、思いがけず出版のお話をいただき、拙い原稿に編集者として的確な指示をくださった、法藏館の戸城編集長、また広く宗教や哲学の視座から助言をくださった本多さんにもお礼申し上げます。

最後に、本書の執筆にあたっては少なくない脱会者の皆さんに取材し、それぞれ貴重な体験や思いを聞かせていただきました。私と同じように迷い続け、苦しい回復の歩みをしてきた人たちです。本書の執筆は私にとっては身を削るような苦しい作業でしたが、私のストレートな質問に真剣に答えてくださった皆さんも同様でしたでしょう。その協力があって最後まで書き上げることができました。諸事情から一人ひとりのお名前を書くことはできませんが、同じ歩みをともにした仲間として、心からお礼申し上げます。

二〇二〇年一月

瓜生　崇

参考文献

第一章

岡本浩一著『権威主義の正体』(PHP新書、二〇〇四年)
西田公昭著『マインド・コントロールとは何か』(紀伊國屋書店、一九九五年)
トーマス・クーン著／中山茂訳『科学革命の構造』(みすず書房、一九七一年)
大貫隆、名取四郎、宮本久雄、百瀬文晃編『岩波キリスト教辞典』(岩波書店、二〇〇二年)

第二章

西尾幹二著『人生の価値について』(新潮選書、一九九六年)
村上春樹著『村上春樹 雑文集』(新潮文庫、二〇一五年)
広瀬健一著『悔悟――オウム真理教元信徒 広瀬健一の手記』(朝日新聞出版、二〇一九年)
NHKスペシャル取材班編著『未解決事件オウム真理教秘録』(文藝春秋、二〇一三年)
降幡賢一著『オウム法廷〈12〉サリンをつくった男たち』(朝日文庫、二〇〇三年)
マーシャル・キルダフ、ロン・ジェイヴァーズ著／新庄哲夫訳『自殺信仰――「人民寺院」の内幕とガイアナの大虐殺』(講談社、一九七九年)

中島岳志著『親鸞と日本主義』（新潮選書、二〇一七年）
大東仁著『戦争は罪悪である――反戦僧侶・竹中彰元の叛骨』（風媒社、二〇〇八年）
クリストファー・R・ブラウニング著／谷喬夫訳『増補　普通の人びと――ホロコーストと第１０１警察予備大隊』（ちくま学芸文庫、二〇一九年）
芝健介著『ホロコースト――ナチスによるユダヤ人大量殺戮の全貌』（中公新書、二〇〇八年）
エーリッヒ・フロム著／日高六郎訳『自由からの逃走』（東京創元社、一九五一年）
宗教情報リサーチセンター編、井上順孝責任編集『〈オウム真理教〉を検証する――そのウチとソトの境界線』（春秋社、二〇一五年）
髙山文彦著『麻原彰晃の誕生』（文春新書、二〇〇六年）
富田隆著『オウム真理教元幹部の手記』（青林堂、二〇一八年）
ケン・ウィルバー著／吉福伸逸訳『無境界――自己成長のセラピー論』（平河出版社、一九八六年）
米本和広著『洗脳の楽園――ヤマギシ会という悲劇』（洋泉社、一九九七年）
鶴田義光著『すでにこの道あり――生きることの意味を求めて』（響流選書、二〇一五年）
森岡正博著『宗教なき時代を生きるために』（法藏館、一九九六年、のち完全版、二〇一九年）
山口広、滝本太郎、紀藤正樹著『Q&A宗教トラブル110番』第三版（民事法研究会、二〇一五年）

第三章

菊池寛著『恩讐の彼方に・忠直卿行状記 他八篇』（岩波文庫、一九七〇年）
仲正昌樹著『Nの肖像――統一教会で過ごした日々の記憶』（双風舎、二〇〇九年）

その他参考文献

青木由美子編『オウムを生きて――元信者たちの地下鉄サリン事件から15年』（サイゾー、二〇一〇年）
青沼陽一郎著『オウム裁判傍笑記』（小学館文庫、二〇〇七年）
江川紹子著『「カルト」はすぐ隣に――オウムに引き寄せられた若者たち』（岩波ジュニア文庫、二〇一九年）
大田俊寛著『オウム真理教の精神史――ロマン主義・全体主義・原理主義』（春秋社、二〇一一年）
尾崎新編『「ゆらぐ」ことのできる力――ゆらぎと社会福祉実践』（誠信書房、一九九九年）
門田隆将著『オウム死刑囚 魂の遍歴――井上嘉浩 すべての罪はわが身にあり』（ＰＨＰ研究所、二〇一八年）
神田千里著『宗教で読む戦国時代』（講談社選書メチエ、二〇一〇年）
樹村みのり、永野久江著『夢の入り口――ヤマギシ会特別講習会（特講）について』（響流選書、二〇一七年）
佐木隆三著『慟哭――小説・林郁夫裁判』（講談社、二〇〇四年）
櫻井義秀編『カルトからの回復――心のレジリアンス』（北海道大学出版会、二〇一五年）
櫻井義秀著『カルト問題と公共性――裁判・メディア・宗教研究はどう論じたか』（北海道大学出版会、二〇一四年）
佐藤典雅著『ドアの向こうのカルト――九歳から三五歳まで過ごしたエホバの証人の記録』（河出書房新社、二〇一三年）
神保タミ子著『脱会』（駿河台出版社、二〇〇一年）
杉本誠、名古屋「青春を返せ訴訟」弁護団著『統一協会信者を救え――杉本牧師の証言』（緑風出版、一九九三年）
全国統一協会被害者家族の会編『自立への苦闘――統一協会を脱会して』（教文館、二〇〇五年）
高橋英利著『オウムからの帰還』（草思社、一九九六年）
タルタン・トゥルク著／林久義訳『秘められた自由の心――カリフォルニアのチベット仏教』（ダルマワークス、一九九四年）

ToshI著『洗脳――地獄の12年からの生還』(講談社、二〇一四年)
日本脱カルト協会編『カルトからの脱会と回復のための手引き――〈必ず光が見えてくる〉本人・家族・相談者が対話を続けるために』(遠見書房、二〇〇九年)
浜本隆志編著、柏木治他著『欧米社会の集団妄想とカルト症候群――少年十字軍、千年王国、魔女狩り、ＫＫＫ、人種主義の生成と連鎖』(明石書店、二〇一五年)
林郁夫著『オウムと私』(文藝春秋、一九九八年)
林久義著『オウム信者脱会カウンセリング――虚妄の霊を暴く仏教心理学の実践事例』(ダルマワークス、二〇一五年)
藤田庄市著『宗教事件の内側――精神を呪縛される人びと』(岩波書店、二〇〇八年)
藤田庄市著『カルト宗教事件の深層――「スピリチュアル・アビュース」の論理』(春秋社、二〇一七年)
南哲史著『マインド・コントロールされていた私――統一協会脱会者の手記』(日本基督教団出版局、一九九六年)
宗形真紀子著『二十歳からの20年間――〝オウムの青春〟の魔境を超えて』(三五館、二〇一〇年)
村上春樹著『約束された場所で(underground 2)』(文春文庫、二〇〇一年)
森達也著『世界はもっと豊かだし、人はもっと優しい』(ちくま文庫、二〇〇八年)
森達也著『Ａ３』(集英社インターナショナル、二〇一〇年)
吉村均著『チベット仏教入門――自分を愛することから始める心の訓練』(ちくま新書、二〇一八年)

カルト問題の相談窓口

真宗大谷派青少幼年センター

http://www.higashihonganji.or.jp/oyc/

筆者の所属する相談機関です。真宗大谷派は伝統仏教である浄土真宗の一宗派であり、特に仏教系カルトの相談についての人材とノウハウを有しています。

電話：075-354-3440（平日9:00〜17:00）　FAX：075-371-6171

全国霊感商法対策弁護士連絡会

https://www.stopreikan.com/

統一教会（家庭連合）の被害者救済のために設立された弁護士のネットワークです。設立経緯から、霊感商法などの金銭被害や、キリスト教系のカルトの相談に強みがあります。

電話：03-3358-6179（火曜・木曜10:00〜16:00）

電子メール：reikan@mx7.mesh.ne.jp

日本脱カルト協会

http://www.jscpr.org/

破壊的カルトの諸問題の研究をおこない、その成果を発展・普及させることを目的としたネットワークです。心理学者、聖職者、臨床心理士、弁護士、精神科医、宗教社会学者、カウンセラー、ジャーナリスト、そして「議論ある団体」の元メンバー等により構成されています。相談機関ではありませんが、情報の提供や専門家の紹介を受けることは可能です。筆者も会員です。

FAX：03-5539-4879

電子メール：info@jscpr.org

瓜生 崇（うりう たかし）

一九七四年、東京都生まれ。電気通信大学中退。大学在学中に浄土真宗親鸞会に入会、同講師部にて十二年間の活動後、脱会。脱会後にＩＴ企業や印刷会社のシステムエンジニアを経て、二〇一一年から滋賀県東近江市の真宗大谷派玄照寺住職。脱会後はカルトの脱会支援活動に尽力するほか、大学や高校、寺院などでカルト問題啓発のための講演をしている。大阪大学キャンパスライフ健康支援センター招へい教員。真宗大谷派青少幼年センタースタッフ。

なぜ人《ひと》はカルトに惹《ひ》かれるのか
――脱会支援《だっかいしえん》の現場《げんば》から

二〇二〇年 五 月一〇日 初版第一刷発行
二〇二二年 九 月一〇日 初版第三刷発行

著 者 瓜生 崇
発行者 西村明高
発行所 株式会社 法藏館
京都市下京区正面通烏丸東入
郵便番号 六〇〇-八一五三
電話 〇七五-三四三-〇〇三〇（編集）
〇七五-三四三-五六五六（営業）

装幀 濱崎実幸
印刷・製本 中村印刷株式会社

ISBN 978-4-8318-8779-5 C0015